Beck'scheReihe

BsR 1106

Daß sich „Elend" von „Ausland" ableitet, die „Kandidaten" ursprünglich „candidati", ‚Weißgekleidete', waren, „Schlittschuhe" zunächst „Sch-r-ittschuhe" hießen, daß „kunterbunt" von „Kontrapunkt" kommt, „Nikotin" von dem Botschafter Jean Nicot, doch „Benzin" nicht von Herrn Benz – wer hätte das gedacht! Quer durch die europäischen Sprachen erzählt der Hamburger Linguist – ohne Fachjargon und unakademisch wie in seiner seit Jahren beliebten Radioserie im Norddeutschen Rundfunk – überraschende und vergnügliche Geschichten aus den „böhmischen Dörfern" der Sprache: zur Herkunft und zum Bedeutungswandel der Wörter, zur Rolle von Dialekten, Fremdwörtern und Neubildungen, zum ironischen und parodistischen Spiel der Dichter mit den Wörtern. Ein Lesevergnügen der seltenen Art!

Christoph Gutknecht ist Professor für Linguistik des Englischen an der Universität Hamburg.

CHRISTOPH GUTKNECHT

Lauter böhmische Dörfer

Wie die Wörter zu ihrer Bedeutung kamen

VERLAG C.H. BECK

Die Deutsche Bibliothek – CIP-Einheitsaufnahme

Gutknecht, Christoph:
Lauter böhmische Dörfer : wie die Wörter zu ihrer
Bedeutung kamen / Christoph Gutknecht. – Orig.-Ausg.,
4. durchges. Aufl. – München : Beck, 1998
(Beck'sche Reihe ; 1106)
ISBN 3 406 43806 7

Originalausgabe
ISBN 3 406 43806 7

Vierte, durchgesehene Auflage. 1998
Umschlagentwurf: Uwe Göbel, München
Umschlagabbildung: Zygmunt Januszewski, Voll von Ideen, 1984
© C. H. Beck'sche Verlagsbuchhandlung (Oscar Beck), München 1995
Gesamtherstellung: C. H. Beck'sche Buchdruckerei, Nördlingen
Gedruckt auf säurefreiem, alterungsbeständigem Papier
(hergestellt aus chlorfrei gebleichtem Zellstoff)
Printed in Germany

Inhalt

Vorwort

Mit heißem Herzen und Hirne
naht' ich ihr Nacht für Nacht.
Sie war eine dreiste Dirne,
die ich zur Jungfrau gemacht.

Karl Kraus, *Die Sprache*

„In keiner Sprache kann man sich so schwer verständigen wie in der Sprache", sagte Karl Kraus. Das hat natürlich viele Gründe: Die Herkunft vieler Sprachbilder ist aufgrund von Tabus und Schönrederei verdunkelt, Fremdwörter dringen in die Sprachen ein, Internationalismen bilden sich heraus, Poeten schaffen verwirrende Sprachkunststücke und Sprachkunst-Stücke. Vor allem: Die Bedeutung vieler Wörter wandelt sich, und im übrigen gilt die Erkenntnis Heinrich Heines: „Lebt das Wort, so wird es von Zwergen getragen; ist das Wort tot, so können es keine Riesen aufrecht erhalten."

Im vorliegenden Buch wird für diese Probleme Abhilfe geschaffen: Es warnt davor, sich schanghaien zu lassen, beschreibt einen knauserigen Silhouette und geschäftstüchtige Lombarden, macht Sie mit den Herren Micawber, Scrooge und Pecksniff, aber auch mit Aussprüchen Margaret Thatchers bekannt und erläutert Ihnen, daß das Wort *Benzin* von Sprachwissenschaftlern allen Ernstes auf den Fabrikanten *Karl Benz* zurückgeführt worden ist.

Das Buch verrät etwas von der Pedanterie schlägefauler Nebenmenschen, aber auch von Bienenwölfen und Honigschweinen; es bietet Erläuterungen zu Wieselwörtern, Reiberdatschis und persisch-deutschen Spracheinflüssen (zu denen mir Ani Besharatian einige Angaben gemacht hat), gibt politisch korrekte Hinweise zur Bezeichnung melanin-armer und vertikal herausgeforderter Personen und vermittelt Kenntnisse über Spitznamen, falsche Freunde und Lästerzungen à la Rabelais. Dabei wird ungeniert Tacheles geredet. Viele spannende Geschichten, die uns die Wörter beim Rundgang durch böhmische Dörfer der Sprachgeschichte erzählen, werden den Leser(inne)n spanisch vorkommen. Daher sollen ein Verzeichnis der aufgeführten Wörter, ein Sach- und Namenregister sowie ein Literaturverzeichnis den Zugang zum vertieften Studium der historischen Bezüge erleichtern, denn: „Damit eine Gesellschaft ehrenvoll dauert," – so Heinrich Mann – „muß sie die Macht des Wortes erkennen."

Hamburg, im Januar 1995   Christoph Gutknecht

Die „Böhmischen Dörfer" sind seit ihrer Erstauflage in der Presse und im Rundfunk ausführlich gewürdigt worden; ich danke allen Rezensenten. Aber ich danke daneben insonderheit den vielen Lesern, die mich mit ihren Briefen durch Fragen und Anregungen amüsiert und bereichert haben.

Über einen Hinweis habe ich mich besonders gefreut: Günter Kunert erinnerte mich daran, daß *Chómez* im übertragenen Sinne soviel bedeutet wie „nichtsnutzige, unbrauchbare Sache, wie Sauerteig am Osterfeste" und schrieb mir (unter Bezug auf das Tucholsky-Zitat auf S. 176), was ich bislang nur erahnt, aber nicht gewußt habe: „*Kokmès* stammt aus dem Jiddischen und ist eine Französierung von *Chómez*, von Nichtigkeiten; ein Jargonausdruck, der im jüdischen Kleinbürgertum Berlins (wie andere Ausdrücke) an der Tagesordnung gewesen ist ..."

Hamburg, im Dezember 1997   Christoph Gutknecht

1

Affengeil
Sprache im Wandel

Freiheit, die ich „meine"

Anläßlich des Stiftungsfests der Universität München im Juni 1910 formulierte der große Germanist Hermann Paul in einer Rede „Über Völkerpsychologie" sein sprachwissenschaftliches Credo: „Daß die Sprache in einem beständigen Wandel begriffen ist, ist etwas von ihrem Wesen Unzertrennliches."
Ein gutes Beispiel ist die Anfangsstrophe eines Liedes, das Max von Schenkendorf geschrieben hat, ein Freiheitskämpfer aus dem Jahre 1813, der damals die Massen durch seine vaterländisch-frommen Lieder zu begeistern wußte.

> Freiheit, die ich meine, die mein Herz erfüllt,
> Komm mit deinem Scheine, süßes Engelsbild!
> Magst du nie dich zeigen der bedrängten Welt?
> Führest deinen Reigen nur am Sternenzelt?

> Freiheit, die ich meine, die mein Herz erfüllt,
> Komm mit deinem Scheine, süßes Engelsbild!
> Freiheit, holdes Wesen, gläubig, kühn und zart,
> Hast ja lang erlesen dir die deutsche Art.

So recht, das würde man heute meinen, ergibt der erste Vers in unserem Verständnis keinen Sinn. „Freiheit, die ich *meine*...": Hier hat das Verb *meinen* nicht die heute üblichen Bedeutungsvarianten ‚eine bestimmte Ansicht haben‘, ‚annehmen‘ oder ‚denken‘.
Erst der Blick in ein etymologisches Wörterbuch verrät uns, daß z.B. das angelsächsische *mænan* ein breites Bedeutungs-

spektrum aufweist. Es reicht von ,bedeuten‘ über ,beabsichtigen‘ bis zu ,erwähnen‘, ,sprechen‘, ,klagen‘ und ,trauern‘. Noch heute bedeutet ja im Neuenglischen *to mean* einerseits ,beabsichtigen‘ – *I mean to do something* (,Ich beabsichtige, etwas zu tun‘) – und andererseits ,bedeuten‘: *Do you know what that means?* (,Wissen Sie, was das bedeutet?‘)

Das mittelhochdeutsche *meinen* bedeutete soviel wie ,sinnen, denken, seine Gedanken auf etwas richten – in feindlicher oder wohlwollender Weise‘. Interessant ist nun, daß sich später im Mittelhochdeutschen aus diesem Bedeutungsfeld nur ein Teilaspekt, nämlich das ,Freundlich-gesinnt-Sein‘, zur Bedeutung ,zugeneigt sein, lieben‘ weiterentwickelt hat.

Und gerade diese Bedeutungsvariante wird in Prosatexten bis ins 17. Jahrhundert und in der gereimten Dichtung – wovon unser Beispiel zeugt – bis ins 19. Jahrhundert bewahrt und versinkt später wieder im Meer des Vergessens.

Daran wird für uns deutlich: Erst durch die Rückschau auf die ältere, uns heute nicht mehr geläufige Bedeutungsvariante haben wir den Vers *Freiheit, die ich meine* semantisch entschlüsselt. Statt der vermeintlichen, also irrtümlichen Auslegung können wir ihm jetzt die angemessene Interpretation geben, durch die er verständlich wird: ,Freiheit, die ich liebe...‘

Es geht ums „Glück“

Bei einem weiteren Fall, dem man den Bedeutungswandel auf den ersten Blick gar nicht ansieht, geht es um das Glück. Die Herkunft dieses als mittelhochdeutsch *gelücke* in der frühhöfischen Dichtung erstmals 1160 belegten Wortes, das sich mit der ritterlichen Kultur vom Rhein aus langsam über das deutsche Sprachgebiet verbreitete, ist nicht geklärt. Überdies schrieb Heinrich von Kleist 1799 in einem Brief an Martini: „... die Begriffe von Glück ... (sind) so verschieden wie die Genüsse und die Sinne, mit welchen sie genossen werden.“

Auch wenn die Herkunft des Wortes dunkel ist, auch wenn das, was jeder einzelne von uns unter Glück versteht, sich unterscheiden wird, so wissen wir doch, daß das Wort *Glück* anfangs ganz allgemein ‚Zufall, Schicksal oder Geschick‘ bedeutete, also soviel wie ‚böser oder guter Ausgang eines Geschehens‘. In der Wendung *auf gut Glück* hat sich die neutrale Bedeutung im Ansatz bis heute erhalten. Deutlicher noch bewahrte das mittelhochdeutsche Gegensatzpaar *guot gelücke* und *übel gelücke* – also die Möglichkeit des Ausgangs zum Guten oder Bösen – jenen neutralen Schicksalsbegriff, der später mit *sælde* und *heil* konkurrierte, den älteren mittelhochdeutschen Ausdrücken für *Segen* und *Heil*.

Treffend heißt es daher im „Etymologischen Wörterbuch des Deutschen“, das 1993 (in zweiter Auflage) erschien: „Aus dem engeren Gebrauch im Sinne von ‚günstiger Verlauf oder Ausgang eines Geschehens, günstiges Geschick‘ entwickelt sich *Glück* zur Bezeichnung des wünschenswerten ‚Zustands starker innerer Befriedigung und Freude‘ “. (Ibid. S. 458)

Interessant ist es auch, sich einmal in den englischen Wortfeldern von *Glück*, *Zufall* und *Schicksal* zu bewegen.

Wie im Lateinischen, Deutschen, Französischen und vielen anderen Sprachen gibt es nämlich auch im Neuenglischen Fälle, in denen ein semantisch neutrales Wort manchmal nur in der positiven Bedeutung verwendet wird. Es gibt aber auch solche, in denen ein bis heute in bestimmten Kontexten als neutral empfundenes Wort zuweilen nur in negativer Bedeutung verwendet wird.

Zugegeben: Das hört sich kompliziert an, aber es ist leicht zu erklären! Das Wort *luck* z. B. ist etymologisch verwandt mit dem erwähnten mittelhochdeutschen Wort *gelücke* in der neutralen Bedeutung von: ‚(gutes oder böses) Geschick‘. Noch heute heißt *As luck would have it*: ‚wie es der Zufall wollte‘, ‚wie es das Schicksal wollte‘. *Luck* kann aber, so wie das deutsche Wort *Glück*, auch im Sinne von *good luck* gebraucht werden: *he tried his luck*, ‚er versuchte sein Glück‘. Das Gegensatzwort, das Antonym, muß dagegen meistens mit einem entsprechenden Attribut gekennzeichnet werden: *He/she had bad luck* sagen wir, wenn jemand ‚Pech‘ gehabt hat. Ich sagte „meistens“, denn auch *to be down on one's luck* bedeutet ‚vom Pech verfolgt' sein; *out of luck* heißt ‚glücklos'. Das Adjektiv *lucky* hingegen hat nur die positive Bedeutung ‚glücklich'.

Ebenso besitzt das sich aus dem lateinischen *fortuna* herleitende Wort *fortune* – ‚Schicksal' – neben der neutralen Bedeutung (z. B. in *fortune-telling*, also ‚Wahrsagerei') auch die Bedeutung ‚Glück', z. B. im Satz *He made his fortune. He made a fortune* heißt sogar ‚Er machte ein Vermögen'. Die gegensätzliche Bedeutung, also ‚Unglück', muß als *bad fortune* ausgedrückt werden. Das Adjektiv *fortunate* besitzt wiederum nur die positive Bedeutung ‚glücklich'.

Das "Random House Webster's College Dictionary", 1991 erschienen, definiert die feinen Unterschiede zwischen *fortunate*, *lucky* und *happy* wie folgt: "*Fortunate* implies that the success is obtained by the operation of favorable circumstances more than by direct effort: *fortunate in one's choice of a wife*. *Happy* emphasizes a pleasant ending or something that happens at just the right moment: *By a happy accident I received the package on time. Lucky,* a more colloquial word, is applied to situations that turn out well by chance: *lucky at cards, my lucky day.*"

Zu den Fällen, in denen eine *pejorative*, d. h. eine verschlechternde Entwicklung eingetreten ist, wo also ein ursprünglich neutrales Wort häufig in der negativen Bedeutung verwendet wird, zählen das vom lateinischen *fatum* herzuleitende *fate* – ‚Schicksal' – und *accident: accidentia* sind auf lateinisch die ‚zufälligen Ereignisse'. *Fate* im Sinne von ‚gutem oder bösem Schicksal', wird oft in der Bedeutung ‚Verderben' gebraucht. So sagt man im Englischen über jemanden, den das Verderben, etwa der Tod, ereilte: *He met his fate*; auch das englische Adjektiv *fatal* entspricht keineswegs unserem deutschen *fatal*, sondern bedeutet ‚ins Verderben führend' bzw. ‚tödlich'. Ähnlich ist es mit *accident*, das eigentlich auch im Englischen die Bedeutung ‚Ereignis' oder ‚Zufall' hat; oft wird es jedoch im Sinne eines ‚bösen Zufalls' oder eines ‚Unfalls' verwendet. Das Adverb *accidentally* bedeutet wiederum ‚zufälligerweise'.

Die Beispiele zeigen, daß die vermeintliche Grundbedeutung eines Wortes beim Übertritt von einer Wortklasse in eine andere – etwa vom Substantiv zum Adjektiv oder Adverb – manchmal nicht gewahrt bleibt, daß ein neutrales Wort nach gewisser Zeit unter Umständen nur in einer seiner beiden antonymischen Bedeutungen verwendet wird, daß eine positive oder negative Bedeutung manchmal durch ein entsprechend wertendes Adjektiv eigens gekennzeichnet werden muß. Grundsätzlich aber konnten wir feststellen, wie schwierig es sein kann, Wörter ohne Zusammenhang der Rede auf eine bestimmte Bedeutung festzulegen.

„Gastfreund" oder „Feind"?

Der geschilderte Sonderfall des Entstehens gegensätzlicher Bedeutungen aus einem ursprünglich neutralen Wort und die spätere Beschränkung auf nur eine dieser Bedeutungen ist keinesfalls erst eine neuere Entwicklung. Beim lateinischen *hostis* z.B. ergab sich aus der in ältesten Quellen belegten, ursprünglichen Bedeutung ‚Fremdling' einerseits die positive Bedeutung ‚Gastfreund' – im englischen *host* noch heute erhalten –, andererseits die negative Bedeutung ‚Feind'; und allein diese verschlechterte Bedeutung hat sich schließlich durchgesetzt.

Der Religionswissenschaftler Pinchas Lapide schrieb 1991 zu diesem Thema in seinem Buch „Jesus, das Geld und der Weltfrieden":

„In Rom wurden die Fremdlinge als *hostes,* also als ‚Feinde' klassifiziert, die ohne einen einheimischen Schutzherrn die Stadt nicht betreten durften. Im alten Assyrien, im Oberägypten der Pharaonen und in Babylon wurden die Fremden als Sklaven oder Fronarbeiter eingestuft oder galten als vogelfrei. So alt und so verbreitet ist diese Antipathie allen Ausländern gegenüber – auch in den Hochkulturen des klassischen Altertums. Sollte uns das nicht nachdenklich stimmen in einer immer kleiner werdenden Welt?" (Ibid., S. 132)

Leider tragen selbst jüngste Schulwörterbücher des Lateinischen immer noch dadurch zur Verwirrung bei, daß sie unter dem Eintrag *hostis* die untergegangene Bedeutung ‚Fremdling' als erste unter den Bedeutungsvarianten aufführen. Aber mit

Wörterbüchern kann man zuweilen seine leidigen Erfahrungen machen.

Nur „ein bißchen"

Ich möchte Ihnen jetzt die *Bedeutungserweiterung* und die *Bedeutungsverengung* deutlich machen, wobei ich ab und zu ein bißchen auf die historischen Entwicklungen eingehe. Ich sagte, daß ich *ein bißchen* – in Süddeutschland sagt man: *a bissel* – auf die historischen Entwicklungen eingehe und hätte auch sagen können, daß ich *ein wenig* auf die historischen Entwicklungen eingehe. Sie merken, worauf ich hinaus will: Ursprünglich redete man nur von einem *Bißchen* im Sinne eines ‚kleinen Bissens', wo etwas Eßbares abgebissen wurde, z.B. von einem *bißchen Brotes*, später von einem *bißchen Brot*, einem *bißchen Fleisch* usw. Heute umgehen wir das Substantiv *Bißchen* durch den Ausdruck *ein kleiner Bissen*.

Zum erstenmal belegt gegen Ende des 17. Jahrhunderts, wird der Ausdruck *ein bißchen* – wie es Christoph Ernst Steinbachs in Breslau 1734 erschienenes „Vollständiges Deutsches Wörterbuch" verzeichnet – bis heute in der allgemeinen Bedeutung ‚ein wenig' auch in anderem Zusammenhang gebraucht, etwa bei Maßangaben für Getränke (*ein bißchen Milch*, *ein bißchen Schnaps*) und bei Dauerangaben von Tätigkeiten: *ein bißchen zuhören*, *ein bißchen schlafen*. Kennen Sie noch das von Curd Jürgens gesungene Lied „Sechzig Jahre und kein bißchen weise . . . "?

Bei guter „Laune"

Ich hoffe, der gute Curd hat Sie damals nicht um ihre gute Laune gebracht. Übrigens: das Wort *Laune* ist ein treffendes Beispiel für die *Erweiterung* des ursprünglichen Bedeutungsumfangs.

Das mittelhochdeutsche Wort *lune*, verwandt mit lateinisch *luna*, bedeutet nicht nur ‚Mond' oder ‚Mondphase', sondern zugleich die ‚Zeit des Mondwechsels', ja sogar allgemein die

‚Veränderlichkeit', also gewissermaßen die ‚Laune des Glücks'
und die damit einhergehende ‚Stimmungsschwankung'. Die
Erklärung für diese Bedeutungsausweitung hat man wohl in
der mittelalterlichen Astrologie-Lehre zu suchen, die davon
ausging, daß wechselnde Mondphasen die Stimmung des Menschen beeinflussen.

Dieser Glaube lebt u.a. weiter im italienischen Wort *luna*,
das ‚Mond' bedeutet, aber auch ‚schlechte Laune'; es lebt weiter im Französischen, wo *les lunes* die ‚Launen' sind und wo
comme la lune soviel wie ‚dämlich, doof' heißt. *Lunatic* bedeutet im Neuenglischen bekanntlich ‚verrückt'; *lunacy* im juristischen Sinne sogar ‚Unzurechnungsfähigkeit'. Auch das mittelhochdeutsche *vorhtlūnic* hieß übrigens ‚blödsinnig'. Überhaupt decken die von *Laune* abgeleiteten Adjektive die ganze
Spannbreite dieses Wortfelds ab. Seit dem 18. Jahrhundert ist
launenhaft belegt im Sinne von ‚wechselnden Stimmungen
unterworfen'; *launig* hatte noch im 16. Jahrhundert die Bedeutung ‚verdrießlich, verstimmt'; heute freuen wir uns über eine
launige Bemerkung, denn sie ist ‚heiter, einfallsreich, witzig'.
Ein *launischer Mensch* galt demgegenüber noch im 15. Jahrhundert als ‚von übler Stimmung' und ‚verdrossen'; seit dem
18. Jahrhundert sieht man in ihm eher einen Zeitgenossen, bei
dem ‚rasch die Stimmung wechselt' oder der ‚rasch übler Stimmung nachgibt'.

„Schutz und Schirm"

Nachdem ich so ausführlich über die *Bedeutungserweiterung*
gesprochen habe, will ich das gegensätzliche Phänomen erläutern. Der bereits erwähnte Germanist Hermann Paul veröffentlichte 1920 in Halle seine „Prinzipien der Sprachgeschichte". Am Beispiel des althochdeutschen Wortes *skirm*,
das seit dem Mittelhochdeutschen *schirm* hieß, erläuterte er das
Phänomen der *Verengung* bzw. Spezialisierung des Bedeutungsumfangs.

Mit *Schirm* bezeichnete man zunächst den ‚zurechtgeschnit-
tenen Fell- oder Lederüberzug des Schutzschildes', dann den

‚Schild' selbst und das ‚Parieren', also die Kunst, sich mit diesem zu schützen. Ja, ein Blick in das auf S. 11 heute schon einmal zitierte „Etymologische Wörterbuch des Deutschen" verrät uns sogar die Bedeutung, die *Schirm* in der mittelhochdeutschen Rechtssprache hatte: Es war ‚die Verteidigung, die der Verkäufer eines Gutes gegen den Einspruch anderer übernimmt' sowie für den, ‚der eingesetzt wird, diesen Schutz auszuüben' (ibid., S. 1202).

Inwiefern hat sich nun die Bedeutung von *Schirm* als ‚Schutzwehr' bzw. ‚Schild' im Vergleich zum heutigen Gebrauch verengt? Folgendermaßen, wie Hermann Paul erklärt:

„Wir können das Wort für jeden schirmenden Gegenstand gebrauchen. Im okkasionellen Gebrauche kann damit ein *Ofenschirm, Lampenschirm, Augenschirm, Regenschirm, Sonnenschirm* u. a. gemeint sein. Aber während wir das Wort als *Ofenschirm* oder *Lampenschirm* zu verstehen nur durch eine ganz bestimmte Situation veranlaßt werden, liegt es uns auch ohne solche nahe, es als *Regen-* oder *Sonnenschirm* zu fassen, und wir denken dann kaum mehr so sehr an die allgemeine Funktion des Schirmens wie an einen Gegenstand von bestimmter Gestalt und Konstruktion. Wir müssen daher anerkennen, daß sich diese Bedeutung als eine eigene, selbständige von der allgemeineren abgezweigt hat, gleichviel ob sie sich noch logisch unter dieselbe unterordnen läßt." (H. Paul: „Prinzipien . . .", S. 87 f.)

„Besorgen" oder *„beschaffen"*

In einem vom Nachrichtenmagazin DER SPIEGEL im Februar 1991 zitierten Urteil des 3. Karlsruher Strafsenats heißt es nach einer Kritik an der summarischen strafrechtlichen Würdigung durch ein Landgericht:

„Dies läßt besorgen, daß es sich mit den seiner Beurteilung entgegenstehenden rechtlichen Gesichtspunkten nicht in der gebotenen Weise auseinandergesetzt hat."

Dies läßt besorgen heißt hier: ‚Dies läßt die Sorge aufkommen' – *besorgen* wird hier in einer Bedeutung verwendet, der wir zwar bei Thomas Mann noch begegnen, die aber heute gemeinsprachlich nicht mehr üblich ist. Wir kennen die Ableitungen *Besorgnis* und *besorgt sein*, aber das präfigierte Verb *besorgen* – im Alt- und Mittelhochdeutschen noch in den Bedeutungen ‚befürchten‘ und ‚für etwas sorgen‘ geläufig – verwenden wir heute üblicherweise im Sinne von ‚beschaffen‘: *Sie läßt mir das Geld besorgen.*

Von „Azubis“ bis „SAD“

Neben den sich in manchen, z. B. den naturwissenschaftlichen, Disziplinen ständig vermehrenden fachsprachlichen Begriffen gehören auch die Abkürzungen zu den sprachlichen Einheiten, die sich ständig vermehren. Einige davon gehören nicht gerade zu den euphonischen, d. h. wohlklingenden Wortbildungsmustern – oder gefällt Ihnen die Bildung *Azubi* für den weiblichen oder männlichen *Auszubildenden*? Früher sagte man: *Lehrling*.

Viele Akronyme – so nennt man die Kunstgebilde aus Anfangsbuchstaben bzw. Silben von Wörtern – sind allerdings inzwischen so geläufig geworden, daß man sie gar nicht mehr als solche erkennt. Wußten Sie z. B., daß das Wort *Radar* ein Kunstwort darstellt, daß aus den ersten Buchstaben von *ra(dio) d(etection) a(nd) r(anging)* gebildet ist? Auch die italienische Automarke *Fiat* ist ein Buchstabenwort: *F(abbrica) I(taliana) A(utomobili) T(orino)*. Man kann Buchstabenwörter besonders gut behalten, wenn ihre Bedeutung der eines real existierenden Wortes der jeweiligen Sprache angenähert ist. Im Englischen gibt es viele geschickte Bildungen dieser Art. In den letzten Jahren ist es z. B. im Bereich der Psychiatrie gelungen, eine atypische Unterart der schweren Depression zu identifizieren, die saisonale Gemütsstörung, englisch *seasonal affective disorder*: Die Anfangsbuchstaben ergeben das Akronym SAD – *sad* bedeutet bekanntlich ‚traurig‘.

Apropos Abkürzungen: Wußten Sie, daß man im angelsächsischen Raum zum Beispiel auf Visitenkarten nicht nur Titel, sondern auch Ordensbezeichnungen in abgekürzter Form hinter seinem Namen vermerkt? Man muß sich wirklich auskennen, um die entsprechenden Ehrenbezeichnungen richtig würdigen zu können. Am 20. Februar 1991 wurde z.B. Barbara Cartland, die mit ihren 533 Romanen als „Königin der Liebesromanzen" gilt, von Queen Elizabeth II für ihre Verdienste um die Literatur zur "Dame of the British Empire" ernannt; hinter ihrem Namen durfte sie seitdem die Abkürzung *D.B.E.* führen. Dem Namen nachgestellte Titel, z.B. *Ph.D.* für den ‚Doktor der Philosophie' oder *LL.M.* für den ‚juristischen Magistergrad', können im Vereinigten Königreich durch eingeklammerte Zusätze noch näher bestimmt werden: Die Kurzform *Oxon.* steht für 'Oxonian', die Kurzform *Cantab.* für 'Cantabrian' – diskrete lateinische Hinweise darauf, daß der Namensträger in den prestigeträchtigen Universitätsmauern von Oxford bzw. Cambridge akademische Meriten erworben hat.

„Affengeil"

Vielleicht erinnert sich manche bzw. mancher von Ihnen noch daran, daß die zunächst ausschließlich von Jugendlichen bevorzugte Verwendung des Wortes *geil* im Sinne von ‚toll, lustig, großartig, aufregend' bei Erwachsenen anfangs auf Unverständnis stieß, später allerdings eine gewisse allgemeine Akzeptanz erlangte, wobei man bei der Übernahme der fast beliebig erweiterbaren Steigerungsformen, z.B. der Komposita *affengeil* und *schweinegeil,* eher zögerlich verfuhr. Hier kamen dann doch Berührungsängste ins Spiel. Worüber sich wohl kein Jugendlicher und kein sprachängstlicher Erwachsener Gedanken gemacht hat, ist die sprachhistorische Erkenntnis, daß diese Verwendung des Wortes *geil* unbewußt eine ältere Bedeutung wieder aufgreift, die verlorengegangen ist. Aber wer schaut schon in ein sprachhistorisches (etymologisches) Lexikon, wenn er besonders kreativ sein will? Eher schaut man schon in Günther Hunolds 1972 in München erschienenes „Lexikon des pornographischen Wortschatzes", und – siehe da! – auf Seite 85 liest man unter dem Stichwort *geil*:

„Das altgermanische Wort bedeutete ursprünglich ‚kraftvoll, üppig, übermütig, lustig'. Heute fast nur noch im Sinne von ‚wollüstig, lüstern, sexuell erregt' und ‚gierig' gebräuchlich."

Nur zwei Jahrzehnte nach seiner Aussage muß man den Verfasser bereits korrigieren, denn heute ist das Wort *geil* in vielen Sprachgruppen jeglichen sexuellen Anklangs entkleidet – es bedeutet soviel und sowenig wie ‚toll, super, heftig‘. Aufschlußreich ist dabei die historische Erkenntnis, daß das altenglische *gāl* mit der Bedeutungsskala ‚stolz, übermütig, lustig, lüstern‘ und das altisländische *geiligr*, das soviel bedeutete wie ‚stattlich‘ oder ‚schön‘, im germanischen Sprachbereich z. B. verwandt sind mit älterem niederländischem *gijlen* im Sinne von ‚gären‘ und dem norwegischen *gil* für ‚gärendes Bier‘. Somit ergibt sich für das germanische Adjektiv ursprünglich die Bedeutungskette ‚in Gärung befindlich‘ oder ‚aufschäumend‘, dann ‚erregt‘ bzw. ‚heftig‘. Außergermanische Vergleiche lassen sich in der baltoslawischen Sippe finden, z.B. die litauischen Formen *gailas* – es bedeutet ‚heftig‘ – und *gailùs*, das so viel bedeutet wie ‚jähzornig, wütend, rachsüchtig‘ oder ‚scharf, beißend, bitter‘. Nach mehreren Jahrhunderten schließt sich hier wieder ein Bedeutungskreis.

„Geil" oder nicht „geil" ? – das ist die Frage

Zum Gebrauchswert des Wortes *geil* eine Ergänzung: In Enzklösterle im Schwarzwald tagte im August 1994 – wie in jedem Jahr – der „Arbeitskreis Umgangsformen International" und diskutierte unter der Leitung der Bielefelder Tanzlehrerin Inge Wolff Probleme der Etikette. Das beliebte Wort *geil*, so hieß es dort, habe zwar eine bedeutungsmäßige Veränderung erfahren und werde als neutrale Variante für *klasse* oder *super* verwendet. Gleichwohl warnte Inge Wolff: „Viele ältere Menschen finden das Wort obszön!" und empfahl den Eltern, den Wortschatz ihrer Kinder nicht zu imitieren – auch, wenn viele Teenager zur Zeit alles „irgendwie kult" fänden. Wer die 30 überschritten habe, solle sich hüten, derartige Ausdrücke zu verwenden – es sei denn, man wolle sich lächerlich machen.

Wer sich in die *abgepfiffene* Jugendsprache der neunziger Jahre als *Wissenschaftsfuzzi* einarbeiten möchte, dem sei Hermann Ehmanns „Lexikon der Jugendsprache" zur Lektüre empfohlen: Es trägt den Obertitel: *„affengeil"*.

Ein *„schlägefauler Nebenmensch"*

Sprachwandel umfaßt bei lebenden Sprachen neben der Neuentstehung von Wörtern und Bedeutungen auch das Absterben von Wörtern. Mit einer gewissen Pedanterie möchte ich dies an zwei Wörtern erläutern: *Nebenmensch* und *schlägefaul*.

Das 1854 von Jacob und Wilhelm Grimm begonnene „Deutsche Wörterbuch" gibt für das Wort *Nebenmensch* u.a. Belege aus den Werken Wielands und Schillers. Später wurde es durch *Mitmensch* ersetzt – ebenso wie das Wort *Nebenchrist*, das noch bei Goethe und bei Adelung für *Mitchrist* zu finden ist.

Johann Christoph Adelung hatte 1811 ein „Grammatisch-kritisches Wörterbuch der hochdeutschen Mundart" verfaßt, um die Sprache seiner Zeit festzuhalten.

Für das Wort *Nebenchrist* erkennt Nabil Osman ([8]1994) in seinem „Kleinen Lexikon untergegangener Wörter" als Untergangsgrund den Bedeutungswandel:

„. . . *neben*, althochdeutsch, mittelhochdeutsch ‚in gleicher Linie', hat heute in unerschöpflichen Zusammensetzungen die Bedeutung von ‚in zweiter Linie' als Gegensatz zu *haupt-* . . . Infolge dieser semantischen Verschiebung ist *neben* in vielen Zusammensetzungen untergegangen; *mit-* ist heute das entsprechende Ersatzwort." (S. 153)

Den Untergangsgrund für *schlägefaul* – bei Adelung noch als ‚unempfindlich gegen Schläge' definiert – sieht Osman in der Zweideutigkeit des Wortes:

„Die heutigen Zusammensetzungen mit *-faul*, wie z.B. *schreibfaul, denkfaul, mundfaul, maulfaul, stinkfaul, kernfaul, oberfaul, erzfaul*, haben die Bedeutung: ‚faul zum Schreiben; faul zum Denken; faul, den Mund aufzutun; faul, das Maul aufzutun; im Kern moderne; sehr bedenklich; ganz faul'. In Analogie dazu wäre die Bedeutung von *schlägefaul* ‚faul zum Schlagen'. Da das Kompositionsglied *-faul* in *schlägefaul* die irreführende Bedeutung von ‚ab-

gehärtet', ‚unempfindlich' hat, kann die Zusammensetzung zweierlei
bedeuten: 1. gegen Schläge unempfindlich; 2. selbst bei Schlägen
faul ...‟ (S. 178)

Und wegen dieser Zweideutigkeit ist das Wort untergegangen.

2

Schwarz auf Weiß

Wortzauber und Sprachbilder

"Grammar" ist "glamour" ?

Was hat *Grammatik* mit Zauberei zu tun ?

Um die richtige Antwort zu erhalten, müssen wir uns ins Mittelalter zurückversetzen. Damals wurde die Bedeutung von *grammatica* zunächst als Studium der lateinischen Sprache verstanden, später wurde der Begriff verallgemeinert zu ‚Gelehrsamkeit‘ und schließlich zu ‚schwer verständlichem Wissen‘, zu dem auch – und hier kommen wir dem Rätsel näher – die Astrologie und die Magie gehörten. Auf diese Weise wurde Grammatik jahrhundertelang im Volksglauben mit Magie und Geheimniskrämerei verbunden, und der Grammatiker galt als Zauberer, der letztlich mit dem Teufel im Bunde stand.

Ein wenig von dieser kulturgeschichtlichen Entwicklung läßt sich dem Wortfeld selbst entnehmen. Schon das altfranzösische *grammaire* ist mit Magie und Hexerei in Verbindung gebracht worden. Wenn Sie heute ein Lexikon des Französischen aufschlagen, so finden Sie dort als Übersetzung für *grimoire* die Eintragung: ‚Zauberbuch, Geschreibsel, unverständliches Zeug‘. Im Englischen lassen sich sogar Beziehungen zwischen *grammar* und *glamour* herstellen: „l" und „r" wurden oft vertauscht, der Rest des Wortes war lautlich identisch, die Bedeutung wurde lange Zeit gleichgesetzt. Übrigens: Noch heute begegnen uns im Englischen einerseits das Verb *to spell* in der Bedeutung ‚buchstabieren‘ und andererseits das Substantiv *spell*, das ‚Zauber‘ bedeutet.

Was „*Leiden schafft*"

Die oft verdunkelten Bedeutungen der Wörter boten bei ihrer Analyse Anlaß zu Wortzaubereien und zu magisch-kultischen Interpretationen.

Sprachspielereien im Sinne einer zufälligen Kombination ähnlich klingender Wörter, die einhergehen mit dem Herauslösen aus ihrem bedeutungsmäßigen Zusammenhang, kennen wir schon von den ältesten uns bekannten Dichtern. Berühmt aus der deutschen Klassik ist Schleiermachers Definition der *Eifersucht*: „Die Eifersucht ist eine Leidenschaft, die mit Eifer sucht, was Leiden schafft."

Hier wird das Nomen *Sucht* mit dem Verb *suchen* in Zusammenhang gebracht, und die Endung -*schaft*, die wir etwa aus den Wörtern *Brüderschaft* und *Verwandtschaft* kennen, wird mit einer Form des Verbs *schaffen* verbunden.

Mit dem kleinen Verschen wollte Schleiermacher, der sich mit sprachwissenschaftlichen und übersetzungstheoretischen Fragen durchaus intensiv beschäftigt hat, natürlich nur spielerisch-zufällig etwas Ernstes über die Bedeutung des Wortes *Eifersucht* aussagen. Bei seiner Spielerei ging es nicht um die eigentliche, wahre Bedeutung der Wörter wie bei den sogenannten Etymologien der altindischen Brahmanas.

Die Brahmanas sind religiöse Texte in Sanskrit, die sich an die vier Weden, die kultisch-religiösen Schriften des Hinduismus, anschließen. Sie geben Anweisung zur Ausführung des wedischen Opfers und versuchen, mit Hilfe mystisch-philosophischer Spekulation die magische Kraft des Opfers zu erläutern. Wenn der Opfernde die Opferspeise ins Feuer gießt, so ist das eine *āhuti*, eine ‚Eingießung', die sich für den spekulierenden Magier von einem gewöhnlichen, sich etwa in der Küche vollziehenden Vorgang unterscheidet.

Woher – so werden Sie fragen – ergibt sich für ihn die magische Kraft? Sie besteht in der Ähnlichkeit der Wörter *āhuti* mit der Bedeutung ‚Eingießung' und *ahūti* mit der Bedeutung ‚Herbeirufung'. Kraft ihrer lautlichen Ähnlichkeit wurden die beiden Wörter und die von ihnen benannten Begriffe als *magisch* identisch empfunden.

Vom „*Elend*" der Sprache

Gleichsam „magisch" produziert die Sprache auch Vorurteile. Dies können wir gut am Begriff *Elend* verdeutlichen: Dieses abstrakte Wort, das man heute als einheitlichen Wortkörper begreift, wird durch mittelhochdeutsch *ellende*, stärker noch durch althochdeutsch *eli-lenti*, als eine Zusammensetzung aus den Wörtern *lenti*, heute *Land,* und einem im Deutschen ausgestorbenen (und daher mit einem Sternchen versehenen) Pronominalstamm *alja-* (mit der Bedeutung ‚anders') deutbar. *Elend* bedeutete also in früherer Zeit ‚anderes Land' oder ‚Ausland', woraus es sich vor dem bedeutungsgeschichtlichen Hintergrund zwangsweiser Verschlagung in die Fremde, der ‚Verbannung', zu ‚Not' und ‚Elend' im heutigen Verständnis entwickelt hat:

> „Wo dem einen Rosen lachen,
> sieht der andere dürren Sand;
> jedem ist das Elend finster,
> jedem glänzt sein Vaterland."
>
> (Ludwig Uhland, 1787–1862)

„‚Ellendenherberge' hieß in manchen Orten das Gasthaus, in dem die ‚Fremden' einkehrten", so bemerkt Klaus Jürgen Haller in seiner Sammlung „Wörter wachsen nicht auf Bäumen" (1989, S. 58), „aber den Beigeschmack der Not hat das ‚Elend' auch in dieser Bedeutung nie abgelegt":

„Ach mein Herr, wir sind ellende Sänger und Musicanten, bitten umb ein viaticum, weil wir heute noch nichts gegessen haben." (Hans Michael Moscherosch, 1601–1669)

„Weiße" und „schwarze" Magie

Die *Kandidaten,* die sich bei mir zur Staatsexamens- oder Doktorprüfung begeben, tun dies im allgemeinen in einer dem Anlaß angemessenen Kleidung, aber sie erscheinen nicht ganz in Weiß, obwohl sie dies der Etymologie zuliebe eigentlich tun müßten; lateinisch *candidatus* bedeutet ‚weißgekleidet'. Hintergrund ist der, daß in Rom die Bewerber um ein öffentliches Amt die *toga candida,* also den weißglänzenden Umhang, anlegten. An diesen Ursprung des Wortes denkt heute im Deutschen natürlich niemand mehr.

Im Englischen sieht es noch ein wenig anders aus: Das Wort *candid* hat – wie seine lateinische Quelle *candidus* – die Bedeutung ‚aufrichtig, redlich'; die im Lateinischen noch vorhandene Bedeutung ‚weiß' ist heute obsolet und in den Hintergrund getreten. Die amerikanische Linguistin Eve E. Sweetser ist in ihrem 1990 erschienenen Buch "From etymology to pragmatics" auf diese Frage eingegangen und stellt fest, daß es keine objektiv feststellbare realweltliche Beziehung zwischen *weiß* und ‚aufrichtig' gibt. Es ist eher so, daß wir die Welt kognitiv aufgrund unserer Erfahrung und unserer kulturellen Einflüsse so strukturieren, daß sich eine Identifikation der beiden Bedeutungen ergeben kann. Im übrigen vollzieht sich Bedeutungswandel, das ist eine häufig zu beobachtende Tendenz, sehr häufig vom Konkreten zum Abstrakten.

Die in unserem Kulturkreis mit der weißen Farbe sehr häufig verbundene Vorstellung von Klarheit, Reinheit, Aufrichtigkeit, moralischer Integrität, läßt sich an mehreren Beispielen belegen: Im Englischen gibt es das Wort *white lie* für die moralisch unter Umständen gerechtfertigte ‚Notlüge'; verläuft ein politischer Umsturz unblutig, so spricht man häufig von einer *weißen Revolution;* im Deutschen, Englischen und Französischen unterscheidet man die *weiße Magie, white magic, magie blanche* im Sinne von ‚Zauberkunst, die nur Gutes bewirkt', von der geheimnisvoll-unheilvollen *schwarzen Magie,* der *black magic,* der *magie noire* (die französische Version wurde vor einigen Jahren interessanterweise als Parfum-Name kreiert). Das Schwarze, das metaphorisch mit Mysteriösem bis Unheilvollem korreliert wird, liegt sozusagen am anderen Ende der moralischen Skala. Zwischen den Extremen Schwarz und Weiß liegt jener Farbbereich, den wir mit anderen Vorstellungen verbinden: Um auf das tägliche Einerlei zu verweisen, sprechen wir vom *grauen Alltag*; wenn Undurchschaubares, zuweilen Unredliches im Spiele ist, sprechen wir von der *Grauzone*. Die metaphorische Verwendung von Farbbezeichnungen basiert, wie gesagt, nicht auf einer realweltlichen Korrelation zwischen Farbe und Moral – und doch ist diese Korrelation in unseren sprachlichen und kulturellen Modellvorstellungen verankert.

„*Geflügelte Worte*"

Wenn wir den gewöhnlichen sprachlichen Ausdruck durch einen bildhaften ersetzen, so erhalten wir eine Metapher. Die bildliche Ausdrucksweise ist oft anschaulicher, eindrucksvoller, manchmal auch wirksamer und ökonomischer als die unbildliche. Wenn wir jemandem, nur weil er bei uns *ein Haar in der Suppe* gefunden hat, *Wasser in den Wein gießen*, ihm gar *das Wasser abgraben* und ihn anschließend *ins Gebet nehmen*, dann ist jedermann sofort – im wahrsten Sinne des Wortes – *im Bilde*. Vorsicht! Manchmal ist es auch das falsche Bild. Mit dem vorletzten Beispiel habe ich Sie nämlich aufs etymologische Glatteis geführt: Bei der Wendung *jemanden ins Gebet nehmen* haben Sie sicherlich an das religiöse Gebet gedacht. *Gebet* ist hier jedoch (wie manche Sprachforscher behaupten) die entstellte Version der niederdeutschen Form von *Gebiß*. Wenn nämlich der Bauer das ungehorsame Pferd ins Gebiß nimmt, knebelt er ihm das Maul.

Marie von Ebner-Eschenbach, die Dichterin und Erzählerin altösterreichischer Lebenskultur, schrieb in ihren 1880 erschienenen „Aphorismen" mit psychologischem Scharfblick: »Viele Worte sind lange zu Fuß gegangen, ehe sie geflügelte Worte wurden.«

Die Bezeichnung „*geflügelte Worte*" entstammt den Ende des 18. Jahrhunderts entstandenen Homer-Nachdichtungen des Johann Heinrich Voß. Sie ist eine Lehnübersetzung der altgriechischen Wendung Ἔπεα πτερόεντα (*epea pteróenta*), ,*mit Flügeln versehene Wörter*', die in Homers „Ilias" und „Odyssee" häufig vorkommt.

„. . . sprach er die geflügelten Worte" – mit dieser formelhaften Einleitung kündigte Homer eine wörtlich angeführte Rede an. Zugrunde lag offenbar die Vorstellung, daß Wörter und Worte sich schnell verbreiten, indem sie wie auf Flügeln vom Mund des Sprechers zum Ohr des Hörers durch die Luft hinüber „fliegen".

'Moving on or as if on wings' – so definiert auch das 1991 erschienene "Random House Webster's College Dictionary" die *winged words* für das Englische. Und schon im „Nibelungenlied" hieß es: „*Dô vlugen disiu mære von lande ze lant*".

Später wurde die Wendung vom *geflügelten Wort* selbst zum geflügelten Wort – allerdings mit der speziellen Bedeutung ,landläufige Zitate und Redewendungen'. Dies geschah durch die im Jahre 1864 durch den Oberlehrer Georg Büchmann erstmals herausgegebene Sammlung „Geflügelte Worte. Der Citatenschatz des deutschen Volkes".

Unter Hinweis auf Büchmann findet sich in einem deutsch-französischen Wörterbuch der 90er Jahre des letzten Jahrhunderts sogar die Lehnübersetzung *paroles ailées*. Sie hat sich offensichtlich nicht durchgesetzt; heute spricht man im Französischen von *locution, adage, dicton* oder *sentence*, wenn man ,Redensarten' oder ,geflügelte Worte' meint.

Später ist dann *der Büchmann* selbst zum geflügelten Wort geworden – als Bezeichnung für ,Zitatenschatz'. Im Jahre 1993 veröffentlichte Heinrich Krauss „Geflügelte Bibelworte. Das Lexikon biblischer Redensarten", in dem er über eintausend biblische Wendungen vorstellte, die Eingang in den allgemeinen deutschen Wortschatz gefunden haben. Drei Jahre zuvor erschien die überarbeitete Neuauflage eines Werkes, das der Historiker und Publizist Hans-Joachim Schoeps „Ungeflügelte Worte" nannte: Es enthielt Gedanken und Worte, die nach seiner Meinung sehr wohl „Flügel", d.h. klassische, allgemein verbreitete Geltung, erhalten sollten; sein Untertitel: „Was nicht im Büchmann stehen kann."

Auch Redensarten und Metaphern haben also ihre Geschichte. Die Metapher scheint dem Urtrieb des Menschen zu entsprechen, einerseits sein Ich in die Außenwelt zu projizieren – bildhaft gesprochen: *sich das Wort aus dem Leibe zu schreien* – andererseits aber, in der Umwelt Parallelen zum Ich zu suchen.

Es „liegt auf der Zunge"

Beim Sprechen *über* Sprache – der Linguist charakterisiert dies mit dem Terminus *Metasprache* – benutzen wir zahllose Metaphern. Diesen Metaphern – darauf haben vor allem zwei amerikanische Forscher, der Linguist George Lakoff und der Philosoph Mark Johnson, in jüngeren Arbeiten hingewiesen – liegt häufig die Vorstellung zugrunde, daß der Mensch als ein Behälter für geistige Gehalte angesehen werden kann. Ilja Ehrenburg hat dies poetischer mit dem Satz ausgedrückt: „Worte werden unter Qualen geboren. Sie kommen von innen heraus." Lakoff und Johnson bevorzugen die Vorstellung eines Containers, aus dem die Wörter *herausprudeln*, dem Aussagen *herausrutschen* und der gegebenenfalls so manches *schlukken* muß.

Im Englischen sagt man von jemandem, der seine Worte, die etwa während eines Streits aus ihm *herausgeplatzt* sind, zurücknehmen mußte: "He had to eat his words" – ‚Er mußte seine Wörter aufessen' –, und auch im Deutschen gibt es eine Vielzahl alltagssprachlicher Äußerungen über den komplizierten Vorgang der Sprachproduktion, die auf dem gleichen Konzept beruhen. Suchen wir nicht zuweilen nach Wörtern, die uns *auf der Zunge liegen*? Wird uns nicht manchmal von einem Gesprächspartner *etwas in den Mund gelegt*? Kennen wir alle nicht Situationen, in denen man uns gar *das Wort im Munde herumdreht*? Ab und zu dauert es freilich auch etwas länger, ehe man die Bedeutung eines Worts *gefressen* (im Sinne von ‚begriffen‘) hat; zuweilen kann es besser sein, seine Worte wieder *hinunterzuschlucken*.

Die Kommunikation zwischen zwei Sprechern hat der englische Linguist M. J. Reddy vor einigen Jahren sogar mit einem Leitungssystem verglichen. Ist der geistige Gehalt nämlich dem sprechenden Container entschwunden, sind ihm etwa *die Worte über die Lippen gekommen*, hat er sie *geäußert*, so haben sie das Ziel, den zuhörenden Container, den Gesprächspartner, zu *erreichen*, vorausgesetzt, daß dieser am Gelingen der Kommunikation interessiert ist und – achten Sie jetzt bitte auf die Metaphern – nicht *zugeknöpft ist* und sich auch nicht etwa *den Worten verschließt*, sondern ein *offenes Ohr* für die Argumente hat und sie *in sich aufnimmt*. Nicht immer kann man jedoch davon ausgehen, das alles, was man sagt, *gut rüberkommt*.

„Hieb- und stichfest“

Wie wir alle wissen, sind bei der sprachlichen Kommunikation mitunter Hindernisse zu überwinden, auch verläuft sie nicht immer friedlich. Vielleicht erinnern Sie sich noch an das bekannte Lied, das vor einigen Jahren die Sängerin Dahlia Lavi sang: „Worte wie Pfeile, die wir gesagt, die wir in Eile zu sagen gewagt, Worte im Ärger, Worte im Zorn …“ Es gibt zahllose Metaphern in vielen Sprachen, die jenem Bereich entnommen sind, den der Dichter Klopstock selbst mit einer Metapher als *belorbeerte Furie* umschrieb: dem Krieg.

Denn: Nicht selten gerät der Informationsaustausch von Container zu Container – um auf dieses Bild zurückzukommen – zu einem *Rededuell*. Dabei hat man *schlagfertig* zu sein, wenn man – möglichst in *geschliffener* Rede – *hieb-* und *stichfeste* Argumente vorbringt. Wir kennen dies aus Presseberichten über Parlamentssitzungen: In mancher *Wortschlacht* werden dabei von den Abgeordneten *starke Geschütze* aufgefahren, um den Gesprächspartner, nein, den Debattengegner mit unangenehmen Fragen zu *bombardieren* oder mit dem Vorwurf zu konfrontieren, er verwende nur *Schlagwörter*. Übrigens: In der persischen Sprache, im Farsi, heißt „ich sprach" – wörtlich übersetzt – ‚ich schlug Buchstaben': *harf zad-am*.

Rudolf Leonhard hat in seinem Essay „Wer falsch spricht, denkt falsch" einmal geschrieben: „. . . genau wie eine Waffe nur schneidet, wenn sie scharf ist, so wirkt auch die Waffe Wort nur, wenn sie richtig geschmiedet und richtig gebraucht wird; man könnte sagen, wenn auch sie scharf ist."

Aber schon lange vor ihm hatte der russische Dichter Wladimir Majakowski das Wort zum ‚Heerführer aller Menschenkraft' erhoben. Der Romanist Victor Klemperer schrieb in seinem Buch über die Sprache des Dritten Reiches sogar: „Worte können sein wie winzige Arsendosen; sie werden unbemerkt verschluckt, sie scheinen keine Wirkung zu tun, und nach einiger Zeit ist die Giftwirkung noch da."

An diesem letzten Vergleich kritisiert der britische Germanist Christopher J. Wells in seinem 1990 erschienenen Buch „Deutsch: eine Sprachgeschichte bis 1945", daß hier die Sprache direkt mit Denken oder Realität gleichgesetzt werde; paradoxerweise spiegele – wie er wörtlich schreibt – „selbst der Stil der Nachkriegskritiker den der Nazipolemik wider."

„Für bare Münze nehmen"

Lassen Sie mich an dieser Stelle darauf hinweisen, daß das Wort, hat es den Container einmal verlassen (um ein letztesmal in dem von Lakoff und Johnson *geprägten* Bilde zu bleiben), oft in einer anderen Bildvorstellung eingefangen wird, die der in München lehrende Linguist Harald Weinrich in einem gleichnamigen Aufsatz 1958 dem Bereich „Münze und Wort" zugeordnet hat. Da ich seinen Aufsatz für äußerst anregend halte, benutze ich für mein Lob des Verfassers zwei der von ihm beigezogenen Metaphern und sage: Wir können viele seiner Worte *für bare Münze nehmen* und ihm die meisten seiner Argumente *abkaufen*.

Ich wünsche mir, daß Sie auch über die Aussagen dieses Kapitels zu einem *abwägenden* Urteil gelangen, nicht jedes

Wort *auf die Goldwaage legen*, aber insgesamt eine *positive Bilanz* ziehen. Lassen Sie mich nun zum Ende dieser Metaphernfolge kommen, damit Sie es mir für den Rest des Buches nicht mit Desinteresse *heimzahlen*.

Ich hoffe jedenfalls, daß Sie einiges über das Wesen unserer Sprache jetzt etwas klarer sehen. Übrigens: *klar* hängt mit lateinisch *clarus* in der Bedeutung ‚laut, hell, weithin schallend‘ zusammen. Der Musikfreund wird wissen, daß das italienische Wort *clarino* für die hohe Solotrompete (eigentlich ‚die hell Tönende‘), mit einer Verkleinerungsform versehen, zu *clarinetto* geführt hat.

Dort „*Erlebnis*“ – hier "*experience*"

Grundsätzlich ist es für Übersetzer ein großes Problem, Clichés, Slogans, idiomatische Ausdrücke, Redewendungen, Sprichwörter und geflügelte Worte von einer Sprache in eine andere adäquat zu übertragen.

Carl Zuckmayer schrieb während des Zweiten Weltkrieges in den USA für Thomas Mann zu dessen siebzigstem Geburtstag seine „Kleinen Sprüche aus der Sprachverbannung“:

> Jeder denkt, sein Englisch wäre gut,
> Wenn er nur den Mund verstellen tut,
> Jeder hört so gern die Komplimente,
> Daß man es ja gar nicht glauben könnte:
> D i e Geläufigkeit
> In so kurzer Zeit
> Und fast frei vom störenden Akzente,
> Aber ach, in Deiner stillen Kammer
> Spürest Du der Sprachverbannung Jammer,
> Krampfhaft suchend die korrekte Wendung
> für „Beseeltheit“ und „Gefühlsverblendung“.
> Auch scheint's solches nicht auf deutsch zu geben
> Wie: zu seinem Rufe auf zu leben.
> Und Du ziehst betrübt die Konsequenz:
> Dort „Erlebnis“ – hier „Experience“.

„Auch scheint's solches nicht auf deutsch zu geben. Wie: *zu seinem Rufe auf zu leben*": Sie werden sich fragen, was es mit dem letzten, seltsamen Vers auf sich hat. *To live up to one's reputation* bedeutet: ‚sich seines Rufes würdig erweisen' bzw. ‚seinem Rufe gerecht werden'.

Hier hat Zuckmayer also das englischsprachige *phrasal verb*, nämlich: *to live up to*, wortwörtlich ins Deutsche übertragen.

Gerade die in der Emigration lebenden Dichter haben erfahren müssen, welche Schwierigkeiten es mit sich bringt, ein Gefühl dafür zu entwickeln, wie die in der Muttersprache geläufigen Redewendungen, Sprichwörter und Sprachclichés in eine Fremdsprache zu übertragen sind.

Es gibt erstaunliche Entsprechungen in der Metaphorik, aber auch frappierende Abweichungen. Manche Bildungen sind in den zu vergleichenden Sprachen nahezu identisch, andere weisen subtile Unterschiede auf, die man kennen und daher lernen muß. Eine *rhetorische Frage* ist im Englischen *a rhetorical question*, aber eine *Suggestivfrage* ist *a leading question*.

„*Le dernier cri*": „*die Zeit totschlagen*"!

Es wäre z.B. im Fremdsprachenunterricht völlig falsch, zweisprachige Übungen allein auf Unterschieden aufzubauen. Aufgrund gemeinsamer außersprachlicher Entwicklungen haben sich in Europa nicht nur Sach-, sondern auch Sprachuniversalien herausgebildet. Das belegen viele Wort-für-Wort-Entsprechungen, identische Metaphern und Lehnbildungen.

Der letzte Schrei gleicht *le dernier cri*, die *öffentliche Meinung* heißt auf französisch *l'opinion publique*, auf englisch *public opinion. Entamer une question* heißt: *eine Frage anschneiden; beim Wort nehmen* heißt: *prendre au mot*, im Englischen *to take someone at their word;* und *auf dem laufenden sein* entspricht französischem *être au courant*.

Selbst wenn wir *die Zeit totschlagen* mit *tuer le temps* übersetzen, sind unsere Bemühungen *von Erfolg gekrönt – couronné de succès* und im Englischen – man beachte auch hier die

Präposition! – *crowned* _with_ *success.* Aber Beispiele wie *der Schöngeist (le bel esprit)* und die bereits aufgeführte *Suggestivfrage (the leading question)* lassen auch deutlich werden, daß der Übersetzer manchmal mit Konstruktionen zu rechnen hat, die in der Wortbildung auf tückische Weise innerhalb der Sprachen und zwischen den Sprachen konkurrieren.

Dies gilt z.B. für *Komposita,* also zusammengesetzte Wörter: Für *Atombombe* haben wir im Englischen *atomic bomb* oder *atom bomb.* Den Gegenbegriff gibt es nur in einer Variante, als *non-atomic bomb*: Es gibt keine *non-atom bomb.* Für *Rassengleichheit* sagt man *racial equality* oder *race equality,* dem *Wahlkampf* entsprechen *electoral campaign* oder *election campaign.*

Andererseits gibt es eine ganze Reihe von Komposita, die im Deutschen aus zwei Nomina bestehen, wohingegen sie im Englischen aus abgeleiteten Adjektiven und Nomina gebildet werden: Für *Mundhygiene* gibt es nur *oral hygiene,* für *Kriegsrecht* nur *martial law,* für *Musikinstrument* nur *musical instrument.*

Sind Sie „trinkfest" und „gebefreudig"?

Im Englischen gibt es darüber hinaus eine interessante, von allen Übersetzern und Dolmetschern gefürchtete systematische Lücke im Wortbildungssystem.

Wie übersetzt man die im Deutschen beliebte Kombination von verbalen und adjektivischen Komponenten, also z.B. *trinkfest, treffsicher* und *gebefreudig?* Die englischen Bildungen entsprechen nicht diesem Wortbildungsmuster, sondern wählen u.a. idiomatische Paraphrasen: *He can hold his liquor, he is a good shot* oder *he has an open hand* wären mögliche Lösungen.

Aber wie steht es mit den Äquivalenten für die in der Produktwerbung so beliebten Formen *strapazierfähig, backfertig* und *waschecht?*

Die englischen Wörter *durable, ready to bake* und *unfading* klingen sachlicher, aber auch farbloser.

Es gibt zwischensprachlich sogar eine Reihe von *Phraseologismen*, die lexikalisch analog und in ihrer syntaktischen Struktur parallel gebildet werden und dabei auch noch bedeutungsgleich sind: man spricht in diesem Fall von *isomorphen Phraseologismen*.

Das möchte ich jetzt an einem Gedicht verdeutlichen, das einen ganz besonderen Charakter hat. Es stammt vom deutschen Schriftsteller, Kritiker und Übersetzer Hans Sahl, der 1902 als Sohn eines jüdischen Bankiers in Dresden geboren wurde. Er kehrte im Jahre 1989 nach 56 Jahren des Exils aus den USA in seine Heimat zurück. Als er drei Jahre später – am 20. Mai 1992 – seinen 90. Geburtstag feierte, sandte er seinen Gratulanten als Dank ein Gedicht mit dem Titel „Requiem":

Hier ruht einer, der es nicht
lassen konnte, schlafende Hunde
zu wecken, sein eigenes Nest
zu beschmutzen, den Ast, auf dem er
saß, abzusägen, alle Brücken
hinter sich zu verbrennen, den Teufel
mit dem Beelzebub auszutreiben,
den Wagen vor das Pferd zu spannen
und das Kind mit dem Bade auszuschütten.

Wie die Kuh vor dem neuen Tor
holte er die Kastanien für andere
aus dem Feuer, verbrannte sich den Mund,
warf die Flinte ins Korn, machte
aus jeder Mücke einen Elephanten,
was ihn jedoch nicht hinderte,
den Stier bei den Hörnern zu packen
und mit der Kirche ums Dorf zu fahren.

Da er sich nie ein Blatt vor den Mund nahm,
fiel er mit der Tür ins Haus,
rannte mit dem Kopf gegen die Wand,
hörte die Engel im Himmel singen,
winkte noch einmal mit dem Zaunpfahl
und verschwand, wo der Zimmermann
das Loch gelassen hatte.

Die Kastanien für andere aus dem Feuer holen

Das Gedicht besteht nur aus idiomatischen Redewendungen und Sprichwörtern – wenn man so will auch aus Phrasen, die wir täglich vernehmen und verwenden. Aber wie lauten ihre englischen Entsprechungen?

Es finden sich verblüffende Übereinstimmungen: *Sein eigenes Nest beschmutzen – to befoul one's own nest; den Ast absägen, auf dem man sitzt – to saw off the branch one is sitting on; alle Brücken hinter sich verbrennen – to burn all one's bridges behind one; den Wagen vor das Pferd spannen – to put the cart before the horse; das Kind mit dem Bade ausschütten – to throw out the baby with the bathwater; die Kastanien für andere aus dem Feuer holen – to pull someone's chestnuts out of the fire; den Stier bei den Hörnern packen – to take the bull by the horns.*

Wenn man *mit dem Kopf gegen die Wand rennt*, dann knallt's; daher im Englischen: *to bang one's head against the wall.* Und während wir die *Engel im Himmel singen hören*, müssen Engländer und Amerikaner *Sterne sehen: to see stars* heißt die entsprechende Wendung.

Die schlafenden Hunde

Sahl spricht davon, daß es jemand nicht lassen konnte, *schlafende Hunde zu wecken.* Das englische *idiom* drückt das Gebot positiv aus: *let sleeping dogs lie.* Es gibt zahlreiche identische Tiermetaphern, aber noch mehr, die sich im Deutschen und Englischen voneinander unterscheiden.

Wir machen zuweilen aus der *Mücke einen Elefanten*, im Englischen macht man einen ‚Berg aus einem Maulwurfshügel‘: *to make a mountain out of a molehill*; und während der Deutschsprachige unter Umständen *wie eine Kuh vor dem neuen Tor steht*, sagt man in vergleichbaren Situationen bei unseren angelsächsischen Freunden: *he stared like a stuck pig.*

Ob Amerikaner weniger *schießwütig – trigger-happy –* sind als wir, sei dahingestellt. Die Flinte werfen sie jedenfalls nicht ins Korn; sie werfen im Falle einer Niederlage, wie ein geschlagener Boxer, das Handtuch: *they throw in the towel*.

Der Ausdruck *mit der Kirche ums Dorf fahren* läßt sich wohl am besten wiedergeben mit *to do a thing in a roundabout way*. Hier ist die englische Wendung nicht so bildlich wie die deutsche. Das gilt auch für *das Loch, das der Zimmermann gelassen hat – the door –* und den *Wink mit dem Zaunpfahl*: *to drop a broad hint* würde man dazu sagen.

Vorsicht: Wände haben Ohren!

Während man bei uns *mit der Tür ins Haus fällt* oder *mit einer Sache herausplatzt*, beschränkt man sich im Englischen auf den Ausdruck *to blurt out what one is after*. Wer *den Teufel mit dem Beelzebub austreiben* will, kann dies sachlich-erklärend wiedergeben: *to replace one evil with another*, er kann sich natürlich auch der im Englischen reichlich vertretenen biblischen Idiomatik bedienen: *that would be robbing Peter to pay Paul*.

Ich habe in diesem Kapitel linguistisch *kein Blatt vor den Mund genommen*: *I didn't mince my words*. Man muß nämlich aufpassen, daß man *sich nicht den Mund verbrennt*: *one must not put one's foot in it*. Auch bei idiomatischen Wendungen kann man den Versuchungen jener falschen Freunde erliegen, die ich im neunten Kapitel näher charakterisieren werde. Seien Sie also vorsichtig, denn auch *Wände haben Ohren* – oder, wie Elvis singt, "Walls have ears . . ."

3

Das ist ja Wahnsinn!

Herkunft und Bedeutung

„Lord" und „Lady"

Was eine *Lady* ist – und auch, was ein *Lord* ist –, das glaubt jeder zu wissen. Was man diesen beiden englischen Wörtern heutzutage nicht mehr entnehmen kann, ist die Entstehungsgeschichte ihrer sprachlichen Form und Bedeutung, ihre *etymologische* Herkunft. Zwar wissen wir, daß sich Aussprache, Schreibung und Bedeutung von Wörtern und Wendungen im Laufe der Jahrhunderte wandeln. Aber geben wir es doch ruhig zu: Eigentlich hoffen wir stets, von den Wörtern, wie sie sich uns heute darbieten, ein wenig über ihre eigene Entstehungsgeschichte zu erfahren. Leider ist dies in vielen Fällen nicht, genauer gesagt: nicht mehr möglich. Manchmal werden wir sogar in geradezu grotesker Weise auf die falsche Fährte gelockt. So kann sich z.B. die Bedeutung eines Wortes, das womöglich auch noch durch das Wirken bestimmter Lautgesetze bis zur Unkenntlichkeit verändert ist, erheblich wandeln. Was sagt der Linguist dazu? Er spricht von *Lautwandel* und – noch mysteriöser – von *Bedeutungsverdunkelung*.

Bei unseren konkreten Wortbeispielen ist z.B. nicht mehr erkennbar, daß sie noch in altenglischer Zeit, also zwischen dem 5. und 11. Jahrhundert unserer Zeitrechnung, aus zwei Elementen bestanden. Altenglisch *hlaf-* – es ist verwandt mit unserem deutschen Wort *Brot-l a i b* – hatte ursprünglich die Bedeutung ‚Brot'; der *hlāf-weard* war also – wörtlich übersetzt – der ‚Brotlaib-Wart', der Hausherr. Aus *hlāf-weard*, später *hlāford*, entwickelte sich sprachgeschichtlich über die mittelenglische, vom 12. bis zum Ende des 14. Jahrhunderts währende Periode, über *lōverd* hin zum heutigen Neuenglischen das Wort *Lord*. Es erfuhr also im Laufe der Jahrhunderte zugleich eine erhebliche Bedeutungserweiterung, wobei interessant ist, daß die heutige Bedeutung von *Lord* nicht durch eine reine Merkmalsaddition der alten Bedeutungen entstand.

Nicht anders steht es mit der Bedeutungsveränderung beim altenglischen *hlæf-dīge*, der ‚Brot-Kneterin‘, also der Brotbäckerin. Aus der *hlæf-dīge* wurde – Sie ahnen es schon – : die *Lady*.

Zum „Beispiel“: „Wahnsinn“

Es gibt auch im Deutschen wahnsinnig viele Beispiele für die sprachliche Erscheinung, die wir soeben kennengelernt haben. Sie wundern sich sicher über den Stilbruch in meinem letzten Satz. Statt „sehr viele Beispiele“ habe ich „wahnsinnig viele Beispiele“ geschrieben. Ich möchte damit zu zwei Wörtern im Deutschen überleiten, die es sich lohnt, kurz zu beleuchten, da sie gleichfalls, wenn auch in unterschiedlicher Weise, semantisch verdunkelt sind. Ich meine die Wörter *Beispiel* und *Wahnsinn*.

Für meine Erklärungen muß ich gelegentlich eine historische Rückblende vornehmen.

Dabei ist es nötig, sich bestimmte Zeiträume zu vergegenwärtigen: Als *althochdeutsch* bezeichnet man den Zustand der deutschen Sprache in der Zeit vom 6./8. bis zum 11. Jahrhundert, als *mittelhochdeutsch* die Sprache zwischen 1060 und ca. 1500; den von etwa 1500 bis heute reichenden Sprachzustand nennt man *neuhochdeutsch*.

Unser neuhochdeutsches Wort *Beispiel* hieß im Althochdeutschen und Mittelhochdeutschen *bīspël*. *Bī-* geht dabei zurück auf eine noch ältere, indogermanische Wurzel mit der Bedeutung ‚um-herum‘, und *spël* hatte – wie ein Blick in Mathias Lexers „Mittelhochdeutsches Taschenwörterbuch“ ausweist – die Bedeutung ‚dichterische Erzählung‘. *Bīspël* bedeutete also im Mittelhochdeutschen soviel wie ‚nebenbei Erzähltes‘.

Interessant ist auch in diesem Zusammenhang wiederum ein Blick aufs Angelsächsische: *bî-spël* hatte dort die Bedeutung

,Spruch, Stichwort, Gleichnis'; das altenglische Wort *gōd-spël*, das heutige *gospel*, erklärt sich also als ,die gute Nachricht', und das war ,das Evangelium'. Im Neuenglischen hat das Substantiv *spell* bis heute die Bedeutung ,Zauberwort' bewahrt, das Verb *to spell* bedeutet ,buchstabieren'.

Zwei Dinge sind fürs Deutsche festzuhalten: Erstens hat *Beispiel* im Ursprung nichts mit *Spiel* zu schaffen, ebensowenig übrigens wie *Kirchspiel*; darunter ist – so schrieb schon Karl Gustaf Andresen in seinem 1876 erschienenen Buch „Ueber deutsche Volksetymologie" – „... der Bezirk zu verstehen ..., so weit die Rede der Kirche reicht ..."

Zweitens: Das Wort *Beispiel*, früher mit der Bedeutung ,nebenbei Erzähltes', verwendet man erst seit dem 16. Jahrhundert im Sinne von ,Exempel', ,Muster' oder ,Vorbild'.

Während also aus heutiger Sicht beim Wort *Beispiel* der zweite Teil des zusammengesetzten Substantivs bedeutungsmäßig – wir Sprachwissenschaftler sagen: semantisch – verdunkelt ist, ist es beim Wort *wahnsinnig*, ebenso bei *wahnwitzig*, etwas anders. Ich vermute, daß Sie den ersten Bestandteil des Wortes mit unserem heutigen Substantiv *Wahn* in Zusammenhang bringen. Doch das wäre ein Irrtum! Althochdeutsches und mittelhochdeutsches *wan* bedeuteten nämlich soviel wie ,leer'; wenn die Rede eines Menschen also *wanwitze* war – das Adjektiv wurde später um die Endung *-ig* erweitert – so war sie ,leer an Verstand', also ,unsinnig'. Das Substantiv *Wahnwitz* ist genau wie seine neuhochdeutsche Nachbildung *Wahnsinn* jüngeren Ursprungs.

Unser heutiges Wort *Wahn* hieß auch im Mittelhochdeutschen *wān*, hatte aber die Bedeutung ,Hoffnung, Erwartung, Meinung', die noch heute in der Wendung *eitler Wahn* bewahrt ist. Das mittelhochdeutsche *wæn(n)en* bedeutete ,hoffen, meinen, glauben'; und noch heute sagen wir: ,Ich wähnte mich im Recht'.

Halten wir noch einmal fest: *wan* bedeutete ursprünglich ,leer', im Laufe der Jahrhunderte wurde es *wān*, also mit gedehntem *a*-Laut in offener Silbe ausgesprochen und somit lautgleich mit *wān* im Sinne von ,Hoffnung'. Nun hatten wir also einerseits das Wort *wahnwitzig* im Sinne von ‚leer an Witz, töricht‘, andererseits den *eitlen Wahn* im Sinne ‚leerer Hoffnung‘. Die Bedeutungen der Wörter wurden in Laufe der Zeit auf einen Nenner gebracht, das alte Substantiv *Wahn* wurde ins Negative abgedrängt.

Der Dramatiker und Erzähler Günter Weisenborn hat in seinem 1947 erschienenen Dokument mit dem Titel „Memorial“, in dem er seine Leidenszeit in den Kellern der Gestapo und hinter Zuchthausmauern darstellte, in einem Ausspruch etwas von der ursprünglichen Bedeutung des Wortes *Wahn* im Sinne von ‚Hoffnung‘ erhalten wollen, als er schrieb: „Wahnsinn ist der Traum eines einzelnen, aber die Vernunft scheint der Wahnsinn aller zu sein.“

Allmählich dürfte sich Ihnen die Erklärung für den sprachlichen Vorgang erschließen, mit dem wir uns hier beschäftigen.

Wenn die althochdeutschen Ausgangselemente *wan(a)* im Sinne von ‚leer‘ und *wān* im Sinne von ‚Hoffnung‘ lautlich und semantisch miteinander verschmolzen, auch wenn sie semantisch nicht eben viel miteinander gemein hatten, so ist dies keinesfalls ein ungewöhnlicher Vorgang. Es kommt sogar recht häufig vor, daß ähnlich klingende Wörter oder kleinere bedeutungstragende Einheiten sich semantisch angleichen, indem das eine Element die Bedeutung des anderen übernimmt. Der Mensch empfindet die Existenz fremder, daher undurchsichtiger und unverständlicher Wörter offenbar als störend und löst dieses Problem, indem er sie an vertraute Wörter anlehnt.

Schon bei Jacob und Wilhelm Grimm heißt es in der Einleitung zum „Deutschen Wörterbuch“ im Jahre 1854:

„Fällt von ungefähr ein fremdes Wort in den Brunnen einer Sprache, so wird es so lange darin umgetrieben, bis es ihre Farbe annimmt und seiner fremden Art zum Trotze wie ein heimisches aussieht.“

„Hängematten“-Geschichte

Europäische Seefahrer, zuerst die Spanier, lernten bei den Eingeborenen der mittelamerikanischen Inseln und der tropischen Teile Südamerikas Netze aus Pflanzenfasern kennen, die entweder an mehreren Enden aufgehängt oder auch gelegentlich als Sänften verwendet wurden. Mit der Einrichtung dieses hängenden Bettes übernahmen die Europäer auch unverändert das indianische Wort *hamaca*. Während es im Portugiesischen zu *maca*, im Französischen zu *hamac*, im Englischen zu *hammock* gekürzt wurde, erscheinen das niederländische *hangmat* und das deutsche Wort *Hängematte*, wie der Germanist Jost Trier schrieb, „so treffend, daß sie auch von sich aus als passende Benennung der Sache hätten gefunden werden können."

Hamaca war lautlich und bedeutungsmäßig nicht zu erschließen. Daher wurde es so umgestaltet, daß es als Bezeichnung für die Schlafgelegenheit wieder verständlich wurde; unter einer *Hängematte* konnte sich nun wieder jeder etwas vorstellen. Dies ist ein prototypischer Fall sogenannter *Volksetymologie*.

Dieser vom Sprachwissenschaftler Ernst Förstemann im Jahre 1852 in der neugegründeten „Zeitschrift für vergleichende Sprachforschung" geprägte Begriff ist allerdings nicht glücklich gewählt. Es fällt nämlich vieles darunter, was nicht volkstümlich ist. Oft sind irrtümliche Deutungen verewigt, die nicht vom vielzitierten Volksmund, sondern von Gebildeten oder Halbgebildeten verschuldet worden sind.

Vom „Maulwurf" auf dem „Friedhof"

Natürlich denken wir bei *Friedhof* an *Frieden*, ungeachtet der Tatsache, daß *Frieden* eine andere etymologische Wurzel hat. Das mittelhochdeutsche *vrîthof* bezeichnete einen ‚eingehegten, eingefriedeten Raum'. Erst mit der Bedeutungseinengung auf die christliche Begräbnisstätte wurde das Wort – wohl auch durch die Formel *Du mögest ruhen in Frieden* – beeinflußt. Diese „sekundäre Motivation" hat sich in unserer heutigen Vorstellung verfestigt.

Nicht einfach zu deuten ist auch die Bezeichnung für jenen Störenfried in unseren Gärten, dessen ursprünglicher Name seine Aktivitäten korrekt umschrieb; ich spreche von einem ‚Tier, das Erdhaufen aufwirft'. Als der erste Bestandteil des althochdeutschen *mūwërf* – verwandt mit Angelsächsisch *mūga*, *mūwa* in der Bedeutung ‚Hügel‘ – unverständlich wurde, kam es nach einer Anlehnung an mittelhochdeutsch *molt* im Sinne von ‚Staub‘ zur Bildung des Wortes *moltwërf*. Erst sehr viel später kam es unter Anlehnung an *Maul* zur Bildung *Maulwurf*. Hand aufs Herz: Haben Sie schon einmal darüber nachgedacht, mit welchen Teilen seines Körpers der kleine Geselle die Erdhügel hochschaufelt?

Vom „grauen Star" und der „Grasmücke"

Ich verlasse kurz das Tierreich und komme zur Medizin. Sehr verdunkelt erscheinen uns die Bezeichnungen für zwei Augenkrankheiten: *Grauer Star* und *Grüner Star*. Sie haben nichts mit dem gleichnamigen Vogel zu tun. Etymologisch verwandt sind in diesem Falle die alt- bzw. mittelhochdeutschen Adjektive *staraplint* und *starblint*. Bei ihnen hat der erste Bestandteil die Bedeutung ‚starrend, d.h. mit offenen Augen blind‘, was die Linsentrübung des Katarakts, also des *Grauen Stars*, symptomatisch treffend umschreibt.

Vom *Star*, der kein Vogel war, komme ich zu einem echten Vogel zurück, der aber seinerseits den Namen eines Insekts trägt. Vielleicht erahnen Sie es schon: Ich spreche von der *Grasmücke*.

Bei diesem kleinen Vogel, der nicht im Gras, sondern im niedrigen Gebüsch und Hecken lebt, führt ein Namensvergleich mit anderen Sprachen, z.B. dem Dänischen und Schwedischen, auf die richtige Spur. Dort leiten sich die Bezeichnungen für ähnlich kleine Vögel nämlich häufig aus Wörtern für ‚schlüpfen‘ her. Die fürs Deutsche nicht belegte Form könnte **grasa-smukkjō* oder auch – wie dies der Schweizer Germanist Elmar Seebold zu bedenken gibt – **grēwa-smukkjō* gelautet haben. Auf jeden Fall gehört der zweite Teil des zu erschließenden Wortes zum mittelhochdeutsch belegten Verb *smucken*, einer Intensivbildung zu *smiegen*. Und damit steht zumindest eines fest: Der Vogelname bedeutete ursprünglich ‚Grasschlüpfer‘ oder ‚grauer Schlüpfer‘.

„Schrittschuh" oder „Schlittschuh"?

Den Hinweis darauf, daß etymologische Erörterungen auch ihren Eingang in die klassische deutsche Literatur genommen haben, möchte ich Ihnen nicht vorenthalten: Im 15. Buch des 3. Teils von „Dichtung und Wahrheit" schildert Goethe den Besuch des Dichters Klopstock im September 1774 in seinem Frankfurter Hause:

„Eine . . . Eigenheit der Weltleute hatte er . . . angenommen, nämlich nicht leicht von Gegenständen zu reden, über die man gerade ein Gespräch erwartet und wünscht. Von poetischen und literarischen Dingen hörte man ihn selten sprechen. Da er aber an mir und meinen Freunden leidenschaftliche Schlittschuhfahrer fand, so unterhielt er sich mit uns weitläufig über diese edle Kunst, die er gründlich durchgedacht und, was dabei zu suchen und zu meiden sei, sich wohl überlegt hatte. Ehe wir jedoch seiner geneigten Belehrung teilhaft werden konnten, mußten wir uns gefallen lassen, über den Ausdruck selbst, den wir verfehlten, zurechtgewiesen zu werden. Wir sprachen nämlich auf gut Oberdeutsch von *Schlittschuhen*, welches er durchaus nicht wollte gelten lassen: denn das Wort komme keineswegs von *Schlitten*, als wenn man auf kleinen Kufen dahinführe, sondern von *Schreiten*, indem man, den Homerischen Göttern gleich, auf diesen geflügelten Sohlen über das zum Boden gewordene Meer hinschritte . . ."

Tatsächlich ist das von Klopstock bevorzugte Wort *Schrittschuh* – im Mittelhochdeutschen als *schrit-schuoch* in der Bedeutung ‚Schuh zu weitem Schritt' belegt – zweifellos älter und wohl erst im Gedanken an das Wort *Schlitten* zu *Schlittschuh* umgebildet worden. Wenn wir bei Friedrich Kluge im „Etymologischen Wörterbuch der deutschen Sprache" den Hinweis finden, Klopstock habe sich ohne Erfolg für das Wort *Schrittschuh* stark gemacht, so stimmt das natürlich aus heutiger Sicht.

Andererseits verdanken wir einer Schrift des Mainzer Justizrats August Gassner mit dem Titel „Goethe als Eisläufer" aus dem Jahre 1990 zwei Hinweise, die darauf deuten, daß Klopstocks Sprachkritik auf Goethe selbst offenbar ihren Eindruck nicht verfehlt hat. In einem Epigramm der Sammlung „Jahraus, Jahrein" aus dem Jahre 1827 findet sich nämlich der

Spruch: „Ohne Schrittschuh und Schellengeläut/Ist der Januar ein böses Heut."

Und in der Aphorismen-Sammlung „Über Naturwissenschaft im allgemeinen", die Goethe ein Jahr vor seinem Tode zusammengestellt hatte, befaßte er sich mit der Bewegung der Weltkörper und fragte: „Wie wäre es, wenn man ... den Vergleich von dem *Schrittschuhfahren* hernähme?"

„Kunterbunte" „Vorgesetzte"

Kunterbunt entstammt nicht etwa der Welt der Malerei, sondern – man wird es kaum vermuten – der Welt der Musik. Dort gibt es bekanntlich den Begriff *Kontrapunkt*, die ‚Kunst des mehrstimmigen Tonsatzes', wobei *Punkt* auf die alte Art der Notenschreibung hindeutet. Seit 1511 ist das Substantiv *Contrapunkt* (damals am Wortbeginn noch mit einem C geschrieben) im Deutschen belegt, daneben tauchte jedoch schon 1499 in einem Lied von der Altenburger Bauernkirmes im Sinne von ‚vielstimmig' das Adjektiv *contrabund* auf. Und dieses Adjektiv haben im 18. Jahrhundert Mundartwörterbücher für Hamburg, Bremen und Pommern in Anlehnung an *bunt* zur Bedeutung ‚gemischt' bzw. ‚durcheinander' umgestaltet, so wie wir sie heute für das Wort *kunterbunt* ansetzen.

Zum *contra* noch eine kleine Ergänzung – unter Bezug auf das lateinische *pro*: Herbert Maas veröffentlichte 1966 ein kleines Büchlein mit dem Titel „Wörter erzählen Geschichten" und schrieb dort (S. 176) über den *Vorgesetzten*:

„Bezeichnungen mit ursprünglich konkretem, räumlichen Sinn zur Kennzeichnung von sozialen Stufungen sind z.B. lat. *pro* in germanisch *frô* = Herr, neuhochdeutsche Wörter wie *Obrigkeit, Hoheit, Untertan, Vorstand.* Unter Einfluß von lateinisch *praepositus* entwickelt sich langsam die abstrakte Bedeutung aus der konkreten: 1565 ‚in dem das er (Gott) den man dem weibe vorgesetzet hat' oder ‚ehret den, der euch von gott durch die oberkeit vorgesetzet worden'."

4

Böhmische Dörfer

Sind Namen Schall und Rauch?

Laß Dich nicht „schanghaien"!

Eine bekannte Hamburger Rock-Band trägt einen merkwürdigen Namen: Sie nennt sich "Shanghai'd Guts" – nach einem ihrer populären Songs, dessen erste Strophe lautet:

> Sittin' in this bar totally out of my skull
> this blonde in front of me she's completely dull
> but I've got to stay, to stay in this rut
> 'cause it feels like somebody
> shanghai'd my guts ...

Ich weiß nicht, ob Sie die erste Strophe genau verstanden haben: Das englische Wort *guts* bedeutet in dieser Pluralform soviel wie ‚Mumm' bzw. ‚Schneid'. Aber wie deuten wir das englische Verb *to shanghai*? Das "Random House Webster's College Dictionary" – 1991 erschienen – hilft uns weiter; *to shanghai* ist offenbar seit 1870 belegt und bedeutet: 'to enroll or obtain a sailor for the crew of a ship by unscrupulous means, as by force'. Und auch im Duden finden wir unmittelbar hinter der chinesischen Hafenstadt *Schanghai* den Eintrag: ‚schanghaien – Matrosen gewaltsam heuern'.

Ins Deutsche übersetzt lautet die oben angeführte Strophe also ungefähr so:

> „Während ich hier so in der Bar sitze und völlig den Verstand verloren habe, sitzt diese Blonde vor mir – ziemlich dämlich, aber ich muß in dieser Hütte bleiben, denn irgendwer muß mir meinen Mumm schanghait haben ..."

In Schanghai war es offenbar eine lang geübte Praxis mancher Handelsgesellschaften, junge Leute gewaltsam zum Dienst an Bord zu verpflichten oder sie unter Alkohol zu setzen und aufs Schiff zu schleppen. Erst auf hoher See merkten die Opfer dann, daß sie sich auf einem Seelenverkäufer befanden. Von der Stadt Schanghai, in der die geschilderte Anheuerungspraxis häufig vorgekommen sein soll, ist also in diesem Fall ein Verb gebildet worden. Linguistisch gesprochen handelt es sich hier um eine Bezeichnungsübertragung.

Jetzt können wir endlich auch den Vers im Eingangssong verstehen: *Somebody shanghai'd my guts* heißt soviel wie: ,Irgend jemand hat mir meinen Mumm genommen' – natürlich in einer Hafenbar.

„Der Sohn Josephs"

Nicht nur im umgangssprachlichen Bereich gibt es derartige Bezeichnungsübertragungen. Oft werden auch mythologisch oder historisch bekannte Eigennamen, um sie nicht ständig zu wiederholen, durch ein charakteristisches Attribut ihrer Träger ersetzt. Man nennt dann z.B. den Namen des Vaters, die Volkszugehörigkeit oder die Berufsbezeichnung. Statt *Jesus* heißt es dann: *der Sohn Josephs* oder *der Galiläer*; statt *Homer*: *der Dichterfürst*, statt *Jerusalem*: *die heilige Stadt*.

Ein verschlüsseltes literarisches Beispiel ist William Goldings Romantitel "The Lord of the Flies", deutsch: „Der Herr der Fliegen". Dies kann als wörtliche Übersetzung von *Beelzebub*, der griechischen Wiedergabe für das hebräische Wort *Ba'al-zewūw*, den Namen der Orakelgottheit von Ekron, gedeutet werden. Anspielungen dieser Art erschließen sich natürlich nur dem Eingeweihten.

„Kaiser" und „Könige"

Nicht mehr erkennbar ist die Bezeichnungsübertragung auch bei dem Wort *Kaiser*, dem ältesten Lehnwort lateinischen Ursprungs, das wir im Germanischen besitzen. Als die Germanen

46

dieses Wort zu Beginn unserer Zeitrechnung übernahmen, haben sie seine Bedeutung vom Eigennamen *Caesar* zu ‚Herrscher‘ umgedeutet. Ähnlich war es übrigens später bei den Slawen: hinter ihrer Bezeichnung für *König* – im Altslawischen: *kraljī*, im Russischen: *korōl* und im Litauischen: *karālius* – steckt ursprünglich ein Eigenname: *Karl der Große*. Die Romanen hingegen hielten am lateinischen Titel *imperator* fest: Das französische Wort für ‚Kaiser‘ heißt *empereur*.

Mit Namen wie *Caesar* und *Karl der Große*, aber auch solchen wie *Waterloo, Jerez, Venus* oder *Herkules* bezeichnen wir einen Menschen, einen Ort, eine Stadt, eine Göttin, eine Sagengestalt usw.

Diese Ausdrücke vermitteln keine begrifflichen Informationen. Vielmehr orientieren und identifizieren sie, indem sie sich auf ganz bestimmte Wesen, Orte, Städte usw. beziehen. Der Linguist sagt in seiner eigenen Wissenschaftssprache: „Sie referieren auf außersprachliche Größen.“

Interessanterweise können Eigennamen aber in Gattungsnamen, sogenannte Appellative übergehen – und umgekehrt. Wenn wir sagen, jemand sei *ein Herkules*, dann referieren wir nicht auf den berühmtesten Helden der griechischen Sage, sondern denken an ‚einen Menschen von besonderer Kraft und Stärke‘.

Als Vorbild der männlichen Kraft und Tugend hatte der Sohn des Zeus und der Alkmene schließlich gegolten. Hat jemand *sein Waterloo erlebt*, so hat er – wie Napoleon am 18. Juni 1815 – eine empfindliche Niederlage erlitten.

Dadurch, daß ein Eigenname als *Appellativum* verwendet werden kann, wird die ursprüngliche Relevanz zugunsten seiner überzeitlichen Bedeutung verändert. Was heißt das konkret? Wenn wir von *einer Venus* sprechen, so meinen wir nicht die römische Göttin der Liebe, sondern ‚eine besonders schöne Frau‘, wenn wir *einen Sherry* bestellen, so denken wir im allgemeinen nicht an die spanische Stadt *Jerez de la Frontera*, sondern an ein Glas jenes köstlichen Getränks, dem diese Stadt ihren Namen gab. Ursprünglich wurde *Jerez* nämlich *Xeres* geschrieben. Die Engländer hielten das für eine Pluralform;

daher das Lehnwort *sherris* für den aus Xeres stammenden Weißwein, den *vino de Xeres*.

Von *Xeres* zu *Sherry*? Hier ist der Name im Englischen ziemlich *verballhornt* worden, man hat ihn sozusagen *verschlimmbessert*. Diesen Ausdruck hat übrigens der Schriftsteller und Physiker Georg Christoph Lichtenberg in der 2. Hälfte des 18. Jahrhunderts geprägt – aber woher stammt der Ausdruck *verballhornen*?

Ich will die Antwort verraten: Er wurde nach dem Namen Johann Ballhorn gebildet, einem Lübecker Buchdrucker, bei dem 1586 eine fehlerhaft korrigierte Ausgabe des lübischen Rechts erschien, die man ihm, und nicht den Bearbeitern anlastete: die *Editio Balhorniana*. Beim Neudruck 1595 gab er seinen guten Namen für das verfehlte Werk nicht mehr her.

Zurück zu unseren Ausgangsbeispielen: Schon der unbestimmte Artikel – *ein Herkules, eine Venus, ein Sherry* – deutet darauf hin, daß jetzt von *Appellativen* die Rede ist. Sie lassen sich – so lautet die Definition in Ulrich Engels „Deutscher Grammatik“ (²1991) – „immer auf eine Menge gleichartiger Größen beziehen. Sie können freilich ebenso gut zur Benennung einer konkreten Größe verwendet werden.“ (Ibid., S. 504)

„Maître Jacques“

Substantive, Adjektive und Verben, die von Personennamen abgeleitet sind, begegnen uns in der Gemeinsprache, die uns allen geläufig ist. Besonders häufig finden wir sie jedoch in Spezialbereichen, z.B. den Fachsprachen von Mathematik, Chemie, Medizin, Mode, Politik usw.

Wie im Falle des Herrn Ballhorn ist uns jedoch oft kaum bekannt, woher bestimmte Bezeichnungen stammen. Und im übrigen sind es nicht immer edle Namen, von denen sich Nomina, also Substantive und Adjektive, aber auch Verben herleiten.

Beim französischen Moralisten Jean de La Bruyère heißt es in seiner 1688 erschienenen Abhandlung über „Die Sitten im Zeitalter Ludwigs XIV.“ so treffend:

„... ein Mensch muß große Tugenden besitzen, um bekannt zu werden, oder vielleicht große Laster."

Bleiben wir gleich bei der französischen Literatur. Vor allem Molière verstand es großartig, den Personen seiner Bühnenstücke die zu ihnen passenden Namen zu geben. So ist in der Komödie „L'Avare" ein gewisser *Harpagon* die Verkörperung des Geizhalses, der alles gierig zusammenrafft – lateinisch *harpago* bedeutet nämlich ‚Enterhaken'. Schauen Sie in ein französisch-deutsches Wörterbuch, so finden Sie als Bedeutungsangabe für *harpagon* den ‚Geizhals'. Im Hause dieses Geizhalses Harpagon treffen wir noch eine Person an. Es ist *Maître Jacques*, der als Koch und Kutscher für Harpagon tätig ist und gewissermaßen als Faktotum alle anfallenden Arbeiten verrichtet. Nach dieser Figur, nach „Maître Jacques, qui cumule les fonctions de cuisinier et de cocher", heißt noch heute im Französischen jedes ‚Faktotum': *Maître Jacques*.

Der auch in Frankreich im Mittelalter unterdrückte Bauer wurde *Jacques le Bon* genannt. Daraus erklärt sich, daß der *Bauernaufstand* von 1358 in die französische Sprache unter der Bezeichnung *jacquerie* eingegangen ist; später bezeichnete *jacquerie* jeden ‚blutigen und gewaltsamen Aufstand'. Heute ist man offensichtlich in Frankreich der Ansicht, dem Bauern ginge es zu gut: ironisch nennt man ihn daher *Jacques Bonhomme*.

Vom „Chauvinismus" zum „Chauvi"

Das Wort *Chauvinismus* ist Ihnen vielleicht aus politischen Kommentaren geläufig. Doch was bedeutet es genau und wie ist es entstanden?

Gerhard Strauß, Ulrike Haß und Gisela Harras veröffentlichten 1989 als Band 2 der „Schriften des Instituts für deutsche Sprache" ein Buch mit dem Titel „Brisante Wörter von Agitation bis Zeitgeist". Darin schreiben sie:

„*Chauvinismus* wurde in den 60er Jahren des 19. Jahrhunderts aus gleichbedeutendem frz. *chauvinisme* entlehnt, einer Bildung des früheren 19. Jahrhunderts zu französisch *chauvin* ‚fanatischer, aggressiver Patriot; Kriegstreiber‘.“ (Ibid., S. 100)

Das Wort selbst geht vermutlich auf Nicolas Chauvin zurück, die Gestalt eines begeisterten jungen Rekruten in dem Lustspiel „La Cocarde tricolore“ der Brüder Coignard aus dem Jahre 1831. Er singt den Refrain: „J'suis Français, j'suis Chauvin, j'tape sur le Bédouin …“ Der österreichische Schriftsteller und Satiriker Karl Kraus, den wir in einem Folgekapitel näher kennenlernen werden, schrieb in seinen „Aphorismen“:

„Am Chauvinismus ist nicht so sehr die Abneigung gegen die fremden Nationen als die Liebe zur eigenen unsympathisch.“

Seit einiger Zeit hat sich die Bedeutung des Wortes *Chauvinismus* sogar noch erweitert. Man spricht – oder muß ich sagen *frau* spricht? – von *männlichem Chauvinismus* zur Charakterisierung und Bloßstellung einer ‚aggressiven Form von Sexismus‘. Männer, die sich entsprechend verhalten, werden kurz und knapp *Chauvis* genannt.

„Ampère“ und „Curie“

Nach der Politik wenden wir uns wieder den Naturwissenschaften zu. Dort finden wir zahlreiche Fachbegriffe – Maß- und Meßeinheiten, Vorgänge und Arbeitsverfahren –, die sich von französischen Namensträgern herleiten.

André Marie Ampère gibt seinen Namen für die Einheit der elektrischen Stromstärke her und Henri Becquerel für den Grad der Strahlenaktivität von Uran. Becquerel war einer der Forscher, die die natürliche Radioaktivität entdeckten. Zusammen mit dem Ehepaar Marie und Pierre Curie erhielt er 1903 sogar den Nobelpreis für Physik. Rund ein Jahrzehnt später erhielt Marie Curie auch noch den Chemie-Nobelpreis für Arbeiten über das Radium.

In der Medizin liest man noch heute den Begriff *Curie-Therapie*. Das *Coulomb*, eine Einheit der Elektrizitätsmenge und das *Coulombsche Gesetz* über die elektrische Ladung leiten sich von dem berühmten französischen Physiker Charles-Auguste de Coulomb ab.

„Sadismus" und andere Süchte

Den Schriftsteller, der von 1740 bis 1814 lebte und dessen Romane durch die Beschreibung von Grausamkeiten bei erotischen Handlungen berüchtigt sind, werden Sie kennen: es ist der Marquis Donatien-Alphonse-François de Sade, dem wir den Ausdruck *Sadismus* zu verdanken haben. Doch woher stammt eigentlich die Bezeichnung *Masochismus* für das ‚genußvolle Erdulden von seelischen oder körperlichen Mißhandlungen' ?

Es ist der österreichische Schriftsteller Leopold Ritter von Sacher-Masoch, den man – in diesem Falle wohl kaum zu seinem Leidwesen – in dem Wort verewigte.

Nach Lust und Pein für Körper und Psyche wenden wir uns nun einer süßen Versuchung zu:

Wußten Sie, daß das Wort für jene mit verschiedenen Füllungen feilgebotene Süßigkeit, *die Praline* – mancherorts sagt man auch *das Pralinee* –, mit ziemlicher Sicherheit nach dem französischen Marschall du Plessis-Praslin gebildet wurde, dessen Küchenmeister dieses Zuckerwerk erfunden haben soll?

Ein knauseriger Silhouette und geschäftstüchtige Lombarden

Selbst das Wort *Silhouette*, seit dem Beginn des 20. Jahrhunderts die Bezeichnung für ‚Umrißlinie' und ‚Kontur' in der Mode, ursprünglich in der bildenden Kunst für ‚Scherenschnitt' und ‚Schattenbild' gebraucht, hat einen berühmten Namengeber: Étienne de Silhouette, den nur acht Monate amtierenden, äußerst knauserigen Finanzminister Ludwigs XV., der sein Schloß an der Marne statt mit Bildern mit selbstgefertigten Schattenrissen ausstattete.

Aus der adverbiellen Bildung *à la silhouette* im Sinne von ‚unvollständig, vorübergehend' bildete sich die spätere Wendung *portrait à la silhouette* in der Bedeutung ‚nicht ausgeführtes Bild‘ heraus und wurde nach Mitte des 18. Jahrhunderts ins Deutsche für ‚Schattenriß‘ übernommen. Wie gesagt, der Finanzminister wirtschaftete so knauserig, daß in Paris ein ‚knapp geschnittenes Kleid‘ *à la silhouette geschnitten* hieß.

Apropos Finanzen! Das *Lombardgeschäft*, der nicht nur in der Londoner *Lombard Street*, sondern auch bei uns übliche ‚Bankkredit gegen Verpfändung beweglicher Sachen‘, geht nicht auf einen Personennamen zurück. Das Fremdwort – zunächst im Sinne von ‚Leihhaus‘ gebräuchlich – ist in dieser Bedeutung aus französisch *lombard* entlehnt, und das steht für ein älteres *maison de Lombard*, eigentlich ‚das Haus eines Lombarden‘.

Die Kaufleute aus der oberitalienischen Lombardie waren nämlich vom 13. bis zum 15. Jahrhundert insofern privilegiert, als sie in Frankreich Handel und Geldgeschäfte treiben durften.

„ Vichy“, „Jeans“ und „Nikotin“

Auch im Englischen gibt es eine Reihe sprachlich sehr verdunkelter Namensübernahmen aus dem Französischen. Das englische *vichy* in der Bedeutung ‚Mineralwasser‘ leitet sich her aus dem ‚Mineralwasser aus Vichy‘, dem *eau de Vichy*. Die Bezeichnung *denim* im Sinne von ‚grober Baumwolldrillich‘ entstand aus französisch *serge de Nîmes*. Diese Bezeichnung wurde nicht mehr als Ortsbezeichnung empfunden – ähnlich wie manch andere Entlehnung, z.B. das englische Wort *jeans*, das sich vermutlich aus dem Adjektiv *Genoese* herleitet, das die Herkunft aus jener italienischen Stadt anzeigt, die französisch *Gênes* und deutsch *Genua* heißt: dort soll dieser Baumwollstoff nämlich zuerst hergestellt worden sein.

Auch das englische Wort für die ‚Johannisbeere‘, *currant*, ist aus dem französischen *raisins de Corinthe*, wörtlich: ‚Rosinen aus Korinth‘, hergeleitet, wobei *Korinthen* bei uns ‚kleine Rosinen‘ sind.

Nach diesem kunterbunten Strauß an *Antonomasien*, also ‚Bedeutungsübertragungen‘ (oder ‚Umnennungen‘, wenn man den griechischen Terminus wörtlich übersetzt), kann ich mir zwei blumige Hinweise nicht versagen: Die *Begonie* ist nach dem französischen Botaniker Michel Bégon benannt und die *Magnolie* nach dessen Landsmann Pierre Magnol. Allein durch die Blume bzw. den Strauch sind die Wissenschaftler unsterblich geworden.

Alles andere als unsterblich sind all diejenigen, die dem Instrument, das in der französischen Revolution eine große Rolle gespielt hat, zum Opfer gefallen sind. Entwickelt wurde das Fallbeil von einem gewissen Antoine Louis, den heute niemand mehr kennt; benannt wurde es nach einem Arzt, der von 1738 bis 1814 lebte: Er hatte es der französischen Nationalversammlung – natürlich aus humanitären Gründen – empfohlen, vermutlich noch bevor er seinen hippokratischen Eid allzu ernst nahm. Sein Name: Joseph Ignace Guillotin.

Eines der beliebtesten Genußgifte verdankt seinen Namen einem Franzosen, der im 16. Jahrhundert Botschafter in Lissabon war. Im Jahre 1560 sandte er von dort aus einige neuartige Tabakpflanzen an die französische Königin Katharina von Medici; die Pflanzen hießen fortan *herba nicotiana*. Von ihnen wurde später das Wort *Nikotin* hergeleitet – alles dies zu Ehren des Botschafters Jean Nicot.

Von CERAM bis „Berkelium"

Im Felde der Naturwissenschaften gibt es einen Begriff, dessen Bezeichnung in unserem Zusammenhang geradezu mysteriös ist. Schlägt man ein zuverlässiges amerikanisches Wörterbuch, z. B. das in Chicago 1993 erschienene "World Book Dictionary" auf, so findet man unter dem Eintrag *therblig* die Definition: 'a unit of physical movement or activity in time and motion study' (‚Einheit physikalischer Bewegung oder Aktivität bei Zeit- und Bewegungsuntersuchungen‘).

Woher, so fragt man sich, kommt dieses Wort? Könnte es sein, daß ihm – wie dies bei naturwissenschaftlichen Termini ja häufig der Fall ist – eine lateinische oder griechische Wurzel zugrunde liegt?

Weit gefehlt! Die Lösung ist komplizierter, doch bevor wir sie verraten, müssen wir klären, was ein sogenanntes *Anagramm* ist.

Das griechische Wort *ana-graphein* bedeutet ‚um-schreiben‘. Bei einem Anagramm sind die Buchstaben eines Namens, Wortes oder Satzes mehr oder weniger willkürlich durcheinandergewürfelt worden. Einzige Bedingung: Es müssen alle Buchstaben im neuen Gebilde wieder enthalten sein, bei allenfalls geringfügigen lautlichen Abweichungen.

Anagramme sind seit der Antike belegt, sie finden sich in alten jüdisch-kabbalistischen Geheimschriften ebenso wie in Pseudonymen zur Verschleierung von Autorennamen – und zwar zu allen Zeiten, z. B. bei François Rabelais, Friedrich von Logau, Johann Fischart, Johann Jakob Christoffel von Grimmelshausen, Voltaire oder CERAM, dem Autor des Buches „Götter, Gräber und Gelehrte“, der eigentlich Kurt W. Marek hieß.

Doch zurück zu unserem geheimnisvollen Begriff *therblig*, der seit dem Jahre 1931 existiert und, was Sie nicht wissen konnten, auch ein Anagramm darstellt.

Lesen Sie nun dieses Anagramm rückwärts, so ergibt sich für den bereits definierten Begriff der Name seines amerikanischen Erfinders: F. G. Gilbreth.

Zum Glück sind nicht alle von Namen hergeleiteten naturwissenschaftlichen Begriffe derartig verschlüsselt. Von den chemischen Elementen und *Edelmetallen* gehen einige – aus unterschiedlichsten Gründen – auf geographische Bereiche oder Ländernamen zurück, besonders leicht erkennbar bei *Americium, Californium, Europium, Francium* und *Germanium.*

Scandium steht für *Skandinavien* und *Polonium* für *Polen,* das Herkunftsland von Marie Curie. Hinter *Holmium, Ytterbium und Berkelium* verbergen sich die schwedischen Städte *Stockholm* und *Ytterby* bzw. das amerikanische *Berkeley.*

Wie kommt man nur auf „Twingo"?

Manche Namengebung kommt auch mit Gottas Hilfe zustande. Der Frankfurter Werbekaufmann Manfred Gotta gilt derzeit als Europas erfolgreichster Schöpfer von Kunstwörtern und Namen aus der Retorte. Die Tageszeitung DIE WELT berichtete am 13. August 1994:

„Allein in den letzten Monaten erfand Gotta die Namen *Yellow* für einen neuen Sekt, *Credis* für ein Kreditinstitut und aus altem eigenen Bestand den Begriff *Tigra* für einen Opel. Lieblingsname des Buchstabenjongleurs ist *Twingo* für den kleinen, kompakten Renault. Gotta glaubt, daß dieser Begriff ‚das Lächeln des verspielten Minis zum Ausdruck bringt' . . . Die meisten Namen schlugen ein: *Corrado*, *Vectra* und *Xedos* für Automobile, *Tiptronic* (die moderne Porsche-Automatik) oder *Kelts* für alkoholfreies Bier."

Das Procedere ist nicht einfach: Nach der Ideenfindung muß geklärt werden, ob ein für ein Produkt ersonnener Name schutzfähig und international unmißverständlich ist. Der Katzenfuttername *Kinki* war deshalb nicht verwertbar, weil "kinky" in der britischen Umgangssprache die Bedeutungen ‚abartig, pervers' hat.

Personennamen machen Wörter

Berühmte Wissenschaftler verewigten sich auch in chemischen Elementen; so wurden nach E. O. Lawrence das *Lawrencium*, nach Dimitrij Mendelejew das *Mendelevium*, nach Albert Einstein das *Einsteinium*, nach Enrico Fermi das *Fermium*, nach Alfred Nobel das *Nobelium* benannt.

Länder, Städte, Menschen – sie alle reichten nicht aus für die Namengebung in der Welt der Chemie. Auch Götter und Gestalten der griechischen Mythologie mußten herhalten: Neptun, der Gott des Meeres, Prometheus, der Titan, der uns das Feuer brachte, und Tantalus, der Sohn des Zeus wurden bemüht zur Schöpfung von Wortgebilden wie *Neptunium*, *Promethium* und *Tantalum*.

Im Vergleich zur großen Zahl von Substantiven und – wie im Falle der *herkulischen Gestalt* – Adjektiven, die auf Namen zurückzuführen sind, kommen die von Namen abgeleiteten Verben seltener vor. Der Schweizer Linguist Helmut Bruderer zählte 1976 rund fünfzig. Hinzu kommen kreative Spontanbildungen, die sich nicht durchgesetzt haben bzw. nicht durchsetzen werden. Wer weiß schon, daß beim Verb *pasteurisieren* im Sinne von ‚Flüssigkeiten durch schonendes Erhitzen entkeimen‘ der französische Arzt Louis Pasteur Pate gestanden hat? Nach dem 2. Weltkrieg rief der Kölner Kardinal Joseph Frings zum Mundraub auf – spontan wurde das Wort *fringsen* gebildet.

Im "US National Public Radio" konnte man im März 1991 hören: "You can't schwarzkopf the drug problem." (‚Das Drogenproblem läßt sich nicht schwarzkopfen.‘) Angespielt wurde dabei auf die militärischen Erfolge des amerikanischen Oberkommandierenden der Golftruppen, General Norman Schwarzkopf.

Übrigens: Wissen Sie, was ein *Potterianer* ist? Kennen Sie das offenbar davon abgeleitete Verb *pottern*? Die Antwort auf diese Frage erfahren Sie in dem 1994 erschienenen Buch von Wolfgang Ebert und Stephen Potter: „Pottern – die hohe Kunst, das letzte Wort zu haben". Grundlage für diese neu konzipierte Publikation bilden die Werke des 1969 verstorbenen britischen Radioautors Stephen Potter. Ein zehntägiger Stromausfall Anfang 1947 verschaffte diesem eine Zwangspause, in der er sein Buch "Gamesmanship" schrieb, einen satirischen Ratgeber über die hohe Kunst, sich beispielsweise als Sport-, als Kunst- oder als Musikkenner zu profilieren, ohne von den Bereichen auch nur die geringste Ahnung zu haben. Und diese Kunst nennt man – so Wolfgang Ebert – „das Pottern".

Wir haben an den Beispielen erkannt: Für die jeweiligen Zeitzeugen sind solche Namensanspielungen ersichtlich, später schimmert der Personenname zuweilen nur noch undeutlich durch. Sprache, die, wie man gemeinhin sagt, der Kommunikation, also der Verständigung zwischen Menschen, dienen soll, kann also manchmal auch zur Ausgrenzung des Gesprächspartners oder – im Falle geschriebener Texte – des Lesers führen.

Dabei vereint die Sprache einen auserwählten Kreis von „Eingeweihten"; sie trennt, weil die „Nichteingeweihten" vom Verständnis weitgehend, wenn nicht gar völlig ausgeschlossen sind.

In einer Fremdsprache trifft man auf dieses Phänomen besonders häufig, wenn *kultur-* oder *landesspezifische* Wörter oder Redewendungen gebraucht werden.

Wer eine anspruchsvolle englische Tages- oder Wochenzeitung liest, stößt – häufiger, als dies bei uns der Fall ist – darauf, daß Eigennamen, die der Geschichte oder Literatur entnommen sind, als Gattungsnamen verwendet werden.

Das sei – so schrieb 1898 der Sprachwissenschaftler Philipp Aronstein in einem Aufsatz der Zeitschrift „Englische Studien":

„... eine Eigentümlichkeit der englischen Sprache, die sie von einer besonders charakteristischen Seite zeigt, nämlich von der ihrer großen Beweglichkeit und Anpassungsfähigkeit."

Um Ihnen die zukünftige Zeitungslektüre ein wenig zu erleichtern, möchte ich Ihnen anhand ausgewählter Beispiele einige der verwendeten Ausdrücke erschließen.

Die Herren Micawber, Scrooge und Pecksniff

Sehr vielschichtig ist z.B. das Wort *Dickensian*: seine Bedeutungsvarianten umfassen ‚Schmutz und Elend des städtisch-industriellen Lebens im viktorianischen England', aber auch ‚karikaturhafte Darstellungen <u>wie</u> bei Charles Dickens' und sogar ‚herzliche Fröhlichkeit': Man kann also lesen: "The prisons are worse than Dickensian", aber auch: "They enjoyed a real old-fashioned Dickensian Christmas".

Es gibt zahlreiche Figuren aus dem Werk von Charles Dickens, die als sprachliche Elemente im Englischen auftauchen: In der TIME konnte man vor einigen Jahren lesen: "For years, the nation's biggest city has followed a Micawberish routine of using reserves and loans to meet ever-rising operating costs."

Micawberish hatte hier die Bedeutung ‚im Unglück darauf vertrauend, daß sich alles zum Guten wendet‘ oder ‚optimistisch‘. Die Bezeichnung geht zurück auf Mr. Wilkins Micawber, eine Gestalt aus dem Dickens-Roman "David Copperfield", die selten in der Lage ist, ihre Rechnungen zu bezahlen, aber ständig hofft, "that something will turn up".

Ein sogenannter *Micawberist* verhält sich wie Mr. Micawber, ist also ein Bettelbriefschreiber, der anstatt zu arbeiten und nach Besserung zu streben, immer hofft, daß die Zukunft positiven Wandel bringen wird. Und als *Micawberism* bezeichnet man entsprechend die Überzeugung, daß sich die Dinge ohne persönliches Hinzutun bald bessern werden. Im politischen Raum liest man etwa von *electoral Micawberism* oder von *political Micawberism*. In der LONDON TIMES hieß es vor nicht allzu langer Zeit: "My own fear is that the present Micawberism will leave us wide open ... to a humiliating series of defeats." (‚Meine Besorgnis geht dahin, daß der gegenwärtige Micawberismus uns eine Reihe erniedrigender Niederlagen bescheren wird ...‘).

Wenn man von jemandem sagt "Don't be such a Scrooge!", dann bedeutet das: ‚Sei nicht ein solcher Geizkragen!‘. Auch diesen Ausspruch versteht nur, wer *Ebenezer Scrooge* kennt, eine der Hauptfiguren der von Charles Dickens 1843 veröffentlichten Erzählung "A Christmas Carol". Scrooge, den der Dichter als "covetous old sinner", also als ‚habgierigen alten Sünder‘ dargestellt hat, wird vom Geist seines früheren Geschäftspartners Marley aufgesucht, erlebt eine visionäre Schau auf sein vergangenes Dasein und seinen Tod und entschließt sich daraufhin, sein Leben fortan zu ändern.

Es gibt weitere, wenig schmeichelhafte Ausdrücke, die mit Bezug auf den Dickens-Roman "Martin Chuzzlewit" gebildet wurden: z.B. *Pecksniffery, Pecksniffism* und *Pecksniffianism*.

Bei diesen Zungenbrechern handelt es sich um Bezeichnungen für die Eigenschaften, die einen *Pecksniffian* ausmachen.

Und das ist ein salbungsvoller Scheinheiliger und Heuchler, der sich verhält wie *Mr. Seth Pecksniff* in dem genannten Roman; er ist gewissermaßen der englische *Tartufe*.

"The dickens only knows!"

Bei der Erklärung literarischer Namen kann man allerdings nicht vorsichtig genug sein. Wenn man Ihnen erzählen will, auch Ausdrücke wie *What the dickens!* und *The dickens only knows!* hätten etwas mit dem berühmten Dichter zu tun, so seien Sie bitte vorsichtig: *dickens* ist hier ein Euphemismus für *devil*, also den Teufel. Weit vor Dickens, nämlich schon bei Shakespeare, taucht dieser Ausdruck auf: In "The Merry Wives of Windsor" treffen in der zweiten Szene des dritten Aktes auf der Straße Ford, ein Gentleman aus Windsor, und Mrs. Page zusammen. Im Verlauf dieses Dialogs äußert Mrs. Page: "I cannot tell what the dickens his name is my husband had him of."

Die Wendung "I cannot tell what the dickens his name is" bedeutet hier ‚Ich weiß nicht, wie zum Teufel sein Name lautet'.

Von jemandem zu sagen, er habe eine *Jekyll-and-Hyde personality*, besagt, daß dieser einige gute, aber auch einige abgrundtief schlechte Charakterzüge aufweist. Der Ausdruck ist eine Anspielung auf den Roman "The Strange Case of Dr. Jekyll and Mr. Hyde", den der schottische Schriftsteller Robert Louis Stevenson 1886 veröffentlichte. Dr. Jekyll konnte vermittels einer Droge seine Gestalt verändern und sich in den häßlichen Mr. Hyde verwandeln, wurde als solcher zum Mörder und beging schließlich, als dieser dunkle Teil seiner Persönlichkeit die Oberhand gewonnen und nicht mehr zurückverwandelt werden konnte, Selbstmord.

Cervantes, Kafka und Margaret Thatcher

Es gibt im Englischen auch Adjektive, die sich auf die Werke von Dichtern und Denkern anderer Länder beziehen: Will man eine bestimmte bedrängend-unheilvolle Atmosphäre schildern, 'a nightmarish sense of unreality and helplessness in the face of an impersonal and sinister beaurocracy', so spricht man von *Kafkaesque*.

Von *Faust,* der seine Seele dem Teufel verkauft, leitet sich das Adjektiv *Faustian* her. Etwas durch die englische Aussprache verfremdet klingt das Wort *Quixotic.* Dieses Wort bedeutet soviel wie ‚lebensfremd' bzw. ‚idealistisch' und geht somit semantisch auf das Verhalten des Romanhelden Don Quixote de la Mancha des spanischen Autors Miguel de Cervantes Saavedra zurück. Don Quixote kämpfte bekanntlich vergeblich gegen Windmühlenflügel.

Philip Aronstein schrieb 1925 in seiner „Englischen Wortkunde" über Wörter literarischen Ursprungs:

„Größer als die Zahl der dem wirklichen Leben entstammenden Wörter ist die derer, die aus Büchern kommen. Es ist das leicht begreiflich, weil die literarischen Gestalten der Verallgemeinerung näher sind." (Ibid. S. 107)

Ein Beispiel aus der englischen Politik: Als Margaret Thatcher kurz nach ihrer Ernennung zur Premierministerin sagte: "I'm not going to play Lady Bountiful with taxpayers' money" (‚Ich werde nicht die Lady Bountiful mit dem Geld der Steuerzahler spielen'), war auch das eine nur in England verständliche Anspielung auf jene Country-Lady, die ihr halbes Vermögen für wohltätige Zwecke ausgegeben hatte; sie entstammt der Komödie "The Beaux' Stratagem" (‚Die List der Kavaliere'), die der irische Dramatiker George Farquhar im Jahre 1707 veröffentlichte.

Fachsimpeleien: „einwecken", „bakelitieren", „lumbecken"

Ich möchte wissen, wie viele Hausfrauen, wenn sie Lebensmittel kochen und luftdicht abschließen, wenn sie also *etwas einwecken,* an den oberbadischen Erfinder Johannes Weck denken.

Er hat nämlich 1894 das Verfahren erfunden, Obst, Gemüse und Fleisch keimfrei einzukochen. Die von seiner Firma unter dem Namen „Frischhaltung" herausgegebene Zeitschrift verwendete seit dem Jahre 1906 das Verb *einwecken*.

Jetzt sind wir aber ziemlich ins Fachsimpeln gekommen. Wie bei der Fachlichkeit läßt sich auch bei der Fachsprachlichkeit eine graduelle Stufung ansetzen, die von extrem merkmalarmer bis zu extrem merkmalreicher Ausprägung reicht.

In den Bereich der extrem merkmalreichen Fachsprachlichkeit, bei dem es zum Teil auf feinste Unterscheidungen ankommt, fällt eine besonders aufschlußreiche Bezeichnungsübertragung:

Nach dem Erfinder, dem in Belgien geborenen Chemiker Leo Hendrik Baekeland, hat man das Kunstharz *Bakelit* benannt, das u.a. bei der Herstellung von Knöpfen, Griffen, Isolierschalen usw. Verwendung fand. Bei den abgeleiteten Verben unterschieden Fachmann und Fachfrau (zumindest solange der Vorgang technisch noch relevant war) sowohl den Spezialausdruck *bakelitieren* – ,mit Bakelit durchtränken' – als auch den Spezialausdruck *bakelisieren* – ,mit Bakelit überziehen'.

Die Endung *-ieren*, vor allem aber *-isieren* gehört zu den produktivsten Wortbildungsmustern der von Eigennamen abgeleiteten Verben. Denken wir an *boykottieren* (benannt nach dem englischen Gutsverwalter Charles C. Boycott), amerikan*isieren*, entstalin*isieren* und an galvan*isieren* (benannt nach dem italienischen Anatomieprofessor Luigi Galvani, der mit Froschschenkeln experimentierte).

Der schon erwähnte Victor Klemperer nannte 1969 (und in den Folgeauflagen) in seinem die Sprache des Dritten Reiches charakterisierenden Werk „LTI – Lingua Tertii Imperii: Die unbewältigte Sprache", sogar das Propagandawort *coventrieren*, das die Luftangriffe deutscher Bomber auf die englische Stadt Coventry zynisch umschrieb.

Nach diesem grausamen Beispiel verweise ich noch auf eine einfache Infinitivendung, z.B. beim Verb *lumbecken*, womit man den Vorgang bezeichnet, ,Bücher mit einer Kunstharzemulsion fadenlos zu binden' – erfunden von Emil Lumbeck – oder beim Verb *kneippen*, benannt nach dem auf Kaltwasserbehandlungen schwörenden Pfarrer Sebastian Kneipp.

Ein kulinarisch-linguistisches Beispiel bietet uns übrigens das Wort *Sandwich*. Über das ‚belegte Brötchen‘ schreibt Friedrich Kluge im „Etymologischen Wörterbuch der deutschen Sprache":

„... benannt nach John Montague, Earl of Sandwich (1718-92), der sich am Spieltisch mit entrindeten Schinkenbroten sättigte, um sein Spiel nicht unterbrechen zu müssen." (Ibid., S. 617)

In Großbritannien nennt man übrigens die oft lustig verpackten Männer, die vorn und hinten Plakatwände mit Reklame umgehängt haben, *sandwichmen; sandwiched*, als Partizip gebraucht, heißt fachsprachlich soviel wie ‚eingeschichtet‘, gemeinsprachlich soviel wie ‚eingeklemmt‘: *He was sandwiched between two men in the bus* – ‚Er war im Bus zwischen zwei Männern eingeklemmt.‘

Der mathematische Begriff des *Algorithmus*, also der ‚nach einem bestimmten Schema ablaufende Rechenvorgang‘, geht zurück auf den Araber Al-Ḫuwārizmy, ‚den aus Ḫwārizm Stammenden‘. Es war der Beiname des von dort stammenden Mathematikers Abdallāh Muḥammad ibn Mūsā aus dem 9. Jahrhundert. Die *Algorithmiker* waren vom 11. bis 17. Jahrhundert die Anhänger des schriftlichen Rechnens im Gegensatz zum Brettrechnen.

Seien Sie bitte ehrlich: Denken Sie, wenn Sie die sanften Klänge des Saxophonisten Charlie Parker hören, an den belgischen Instrumentenbauer Adolphe Sax, der 1846 in Paris das später nach ihm benannte *Saxophon* patentieren ließ?

Es wäre zu viel verlangt, wollte man die *Eponyme*, die Menschen, die Wörtern ihre Namen leihen, ständig präsent haben. Manch wertvolle Information auf dem Gebiet der *Antonomasie* kann man allerdings zwei jüngst erschienenen Werken entnehmen. Martin Manser veröffentlichte 1988 in London ein "Dictionary of Eponyms", und in Deutschland erschien 1993 das Buch „Mein Name ist Becquerel": Sein Verfasser, Ernst Schwenk, porträtiert darin Leben und Werk jener 18 Forscher und Wissenschaftler, die den internationalen naturwissenschaftlichen Maßeinheiten ihren Namen gaben, darunter André Marie Ampère, Antoine Henri Becquerel, Michael Faraday, Heinrich Hertz, James Prescott Joule, Isaac Newton, Georg Simon Ohm, Blaise Pascal, Alessandro Volta und James Watt.

Der britische Sprachwissenschaftler Ernest Weekley sprach schon 1932 in seinem Buch "Words and Names" von der Neigung mancher Etymologen, Wörter unklarer Herkunft auf Personen zurückzuführen und statt lautgeschichtlicher und zeitlicher eher anekdotenhafte Erklärungen beizuziehen. Ein halbes Jahrhundert vor ihm hatte bereits Reverend A. Smythe Palmer in seinem Buch "Folk etymology" beklagt, daß manche Forscher dazu neigen, bei mangelnder Kenntnis über ein Thema die Einbildungskraft zu nützen, um ihre Wissenslücken zu kaschieren. Etwas versöhnlichere Töne schlug der deutsche Linguist Hans H. Meier im Jahre 1989 an, als er in einem Aufsatz über "Etymological Modes in Modern English" falsche Etymologien auf das psychologische Bestreben des Menschen zurückführte, Wörter wieder bedeutungsvoller zu machen.

Umstrittenes

Im 7. Band des „Duden", dem „Herkunftswörterbuch", lesen wir unter dem Stichwort *Benzin:* „Gemisch aus gesättigten Kohlenwasserstoffen, das als Treibstoff und als Lösungs- und Reinigungsmittel verwendet wird. Das Wort, das 1833 von dem Chemiker E. Mitscherlich gebildet wurde, bezeichnete zunächst das aus dem Benzoeharz gewonnene Destillat. J. Liebig übertrug 1834 die Bezeichnung auf das Erdöldestillat und prägte *Benzol* neu, als Bezeichnung für diesen Kohlenwasserstoff. Auszugehen ist von *Benzoe,* dem Namen eines ostindischen Harzes. Er geht auf älteres italienisches *bengiuì* zurück, das aus arabischem *lubān ğāwī* (unter Ausfall der Anfangssilbe) hervorgegangen ist." Was damit gemeint ist? Im „Etymologischen Wörterbuch des Deutschen" findet sich die Antwort: *lubān ğāwī* bedeutet ‚Weihrauch aus Djawa (Java)‘; „gemeint ist damit das nach Vanille riechende Baumharz verschiedener Styrax-Arten auf Sumatra (damals wohl mit Djawa verwechselt?), *Benzoeharz* genannt, das zur Weihrauchherstellung verwendet wird." (Ibid. S. 121)

Soweit die korrekte, wenn auch stark vereinfacht und gekürzt dargestellte etymologische Erklärung. Man kann es sich natürlich auch leichter machen. Daher führe ich hier die naheliegende, aber sachlich unrichtige Herleitung an:

Das Wort *Benzin* wurde allen Ernstes auf den Fabrikanten Karl Benz zurückgeführt; dieser Erklärungsversuch ist natürlich *Humbug!* (Die Herleitung dieses Wortes ist übrigens unbekannt, aber es wurde für den Autor kränkenderweise sogar mit der Stadt *Hamburg* assoziiert.)

Ähnlich wurde die *Mayonnaise* mit der südfranzösischen Stadt *Bayonne* in Zusammenhang gebracht. In Wirklichkeit ist das Wort eine Variation von *mahonnaise*, die feminine Form von *mahonnais*. Letzeres ist das abgeleitete Adjektiv von *Port Mahón*, der Hauptstadt von Menorca, der zweitgrößten Insel der spanischen Balearen. Der Grund für diese Ableitung ist unbekannt.

Daß auch beim Phänomen der Bezeichnungsübertragung die schöpferische Kraft der stets um Durchsichtigkeit von Wörtern bemühten Volksetymologie wirksam ist, möchte ich an der Bezeichnung *Landauer* erklären. Gemeint ist der ‚Reisewagen mit geteiltem Verdeck in der Mitte‘, in manchem Herkunftswörterbuch gedeutet als *Landauer Wagen*, weil man vermutete, er sei zuerst in Landau gefertigt. Zugegeben: Es gibt berühmte Zeugen für diese Interpretation; z.B. den Sprachforscher Johann Christoph Adelung in seinem vor rund zweihundert Jahren erschienenen „Grammatisch-kritischen Wörterbuch der hochdeutschen Mundart".

Auch in Goethes „Hermann und Dorothea" heißt es:

Und so kam auch zurück mit seinen Töchtern gefahren
Rasch, an die andere Seite des Markts,
der begüterte Nachbar,
An sein erneuertes Haus, der erste Kaufmann des Ortes,
Im geöffneten Wagen (er war in Landau verfertigt).

Nabil Osman, Autor des 1993 in 4. Auflage erschienenen „Kleinen Lexikons deutscher Wörter arabischer Herkunft", bestreitet diese Erklärung und schreibt:

„Das Wort ist ... arabischen Ursprungs. Aus sanskritischem *hindōla* entstand durch persische Vermittlung arabisch *andūl*, mit Artikel *al-andūl*, das die Spanier von den Mauren als *lado* (‚leichter, mit Maultier bespannter viersitziger Wagen') übernahmen; daraus französisch *landau*, engl. *landau*, dt. *Landau*, das volksetymologisch zu *Landauer* umgestellt wurde." (S. 80 f.)

Eine faszinierende Herleitung, zweifellos. Begreiflich aber auch die deutsche Umdeutung. Denn – wie sagte Karl Gustaf Andresen, der berühmte Autor der „Deutschen Volksetymologie", schon im Jahre 1919?

„Grund aller volkstümlichen Erklärungen ist das Sprachbewußtsein, welches sich dagegen sträubt, daß der Name leerer Schall sei, vielmehr einem jeden seine besondere Bedeutung und eine zweifellose Verständlichkeit zu geben bemüht ist." (Ibid., S. 2)

Vielleicht hat aber auch Goethe Recht. Wie heißt es in Faust I? „Name ist Schall und Rauch!"

Es wurde also – mit Verlaub gesagt – viel Käse geschrieben im Bereich etymologischer Herleitungen. Wurde das Wort *Camembert* nach seiner Erfinderin, Madame Camembert, benannt? Fritz C. Müller bestreitet dies in seinem 1969 erschienenen Buch „Wer steckt dahinter? Namen, die Begriffe wurden" und gibt die korrekte Auskunft: In der Normandie gab es ein gleichnamiges Dorf; dort stellte um 1790 die Bäuerin Marie Harêl eine neue Art Vollfettkäse her, den sie nach ihrem Heimatort benannte.

Namen, die – insbesondere in Redewendungen – auf Orte oder Länder bezogen sind, geben uns hinsichtlich ihrer Herkunft oft Rätsel auf. Dazu ein Ausflug in die englische Literatur:

Im Herbst des Jahres 1599 spielte das Globe-Theatre am Südufer der Thames zum ersten Male William Shakespeares Tragödie „Julius Caesar". In diesem Stück treffen in der zweiten Szene des ersten Aktes auf einem öffentlichen Platz Cas-

sius und Casca aufeinander, zwei Verschworene gegen Julius
Caesar. Cassius befragt Casca in folgendem Dialog über
Cicero:

	"Did Cicero say anything?"
Casca:	"Ay, he spoke Greek."
Cassius:	"To what effect?"
Casca:	"Nay, and I tell you that, I'll ne'er look you i' the face again; but those that understood him smiled at one another and shook their heads; but for mine own part, it was Greek to me."

Doch was mich anlangt, mir war es Griechisch lautet dieser
letzte Ausspruch in der berühmten deutschen Übersetzung
durch August Wilhelm von Schlegel, und in der deutschen Fassung von Erich Fried aus dem Jahre 1968 lautet er ähnlich un-
befriedigend: *Was mich betrifft, für mich war das Griechisch.*
Shakespeares Wortspiel zwischen *He spoke Greek* und *it was
Greek to me* läßt sich im Deutschen leider nicht erhalten, aber
die im Englischen geläufige Redewendung *it was Greek to me*
müssen wir deshalb korrekter übersetzen als bei Schlegel und
Fried, weil sie ganz allgemein ausdrückt, daß etwas unverständlich ist. In unserer Szene sollte es daher etwa heißen: *Das
waren für mich böhmische Dörfer.*

„Das kommt mir spanisch vor"

Obwohl der Ausspruch *das waren für mich böhmische Dörfer*
schon früher entstanden ist, wurde er erst im *Dreißigjährigen
Krieg* zu einer volkstümlichen Redewendung. Der Grund ist
darin zu suchen, daß die meisten der nach Böhmen verschla-
genen Landsknechte mit tschechischen Orts- und Dorfnamen
größte Verständnisschwierigkeiten hatten. Daher lesen wir im
berühmten Schelmenroman „Der abenteuerliche Simplicissi-
mus Teutsch", in dem der Dichter Hans Jakob Christoffel von
Grimmelshausen 1669 die wilde Lebenslust und die Schreck-
nisse des Dreißigjährigen Krieges schilderte, des öfteren die
Phrase von den *böhmischen Dörfern.*

Der Mensch scheint dazu zu neigen, Phänomene des Unbekannten oder Unverständlichen mit den Namen jener Orte oder Menschen zu bezeichnen, die ihm die Erfahrung der unbekannten Art vermittelt haben.

Der Schweizer Schriftsteller Hans Manz hat 1991 in seinem Buch „Die Welt der Wörter" unter dem Titel *„Verwirrung"* ein kleines Gedicht veröffentlicht, das diese sprachliche Tendenz beleuchtet:

Als ein Spanier
nach Zürich kam,
sagte er:
„Hier kommt mir
alles schweizerisch vor."

„Seltsam",
sagte ein Zürcher,
„mir kommt Ihre Redensart
spanisch vor."

Die Wendung *Das kommt mir spanisch vor* hat ihren Ursprung im Aufbegehren deutscher protestantischer Kreise gegen die Einführung spanischer Sitten und Gebräuche zur Zeit *Kaiser Karls V.*, der, als Sohn des Habsburgers *Philipp des Schönen* und der spanischen Erbin *Johanna der Wahnsinnigen* geboren, später zugleich deutscher Kaiser und König von Spanien war.

Daß auch große Geister gelegentlich von sprachlicher Verwirrung nicht ganz frei sind, beweist eine Stelle im Zweiten Buch von Goethes „Die Leiden des jungen Werthers", an der es heißt:

„Das waren dem Gehirne *spanische Dörfer*, und ich empfahl mich, um nicht über ein weiteres Deraisonnement noch mehr Galle zu schlukken."

Bei den *spanischen Dörfern* sind dem berühmten Dichter offenbar zwei Redewendungen zu einer verschmolzen.

Im Shakespeare-Drama, das haben wir gerade gehört, bedeutet *That was Greek to me* soviel wie ‚Das habe ich nicht verstanden'.

Wenn die Griechen auf Fremdes trafen, das für sie nicht-griechisch, also ‚von unverständlicher Sprache‘ war, so nannten sie es *bárbaros*. Über das lateinische *barbarus* wurde dieses Wort in spätmittelhochdeutscher Zeit um 1400 ins Deutsche zu *bárbar* entlehnt – zunächst weiterhin mit dem Akzent auf der ersten Silbe – so wie noch heute in den weiblichen Vornamen *Barbara* und *Bärbel*.

In der substantivierten Form stand das Wort häufig für den ‚Fremden‘ (im Gegensatz zum Griechen und Römer), später auch für den ‚Heiden‘, den Angehörigen einer fremden Religionsgemeinschaft, insbesondere den Türken. Auch das lateinische *barbaría* bedeutete ursprünglich ‚Ausland‘ (im Gegensatz zu Rom und Griechenland), dann ‚Land der Barbaren‘. Im engeren Sinne wurde es auch für die in Nordafrika wohnenden *Berber* verwendet.

Noch der Humanist Albrecht von Eyb, ein Domherr aus Eichstätt, schreibt im Vorwort seiner Übersetzung der Plautus-Komödie „Menächmi“, die 1474 auf deutsch unter dem Titel „Die Zwillinge“ erschien, daß er es meide, „barbarisch kriechisch vnd nitt verstendlich“ zu reden. Über ‚unkultiviert‘ und ‚roh‘ führte dann die semantische Entwicklung des Wortes *barbarisch* zur heutigen Bedeutung ‚unmenschlich und grausam‘, die seit dem 16. Jahrhundert belegt ist. Und seit dem Ende des 18. Jahrhunderts existiert daneben auch eine intensivierende Bedeutung des Adjektivs im Sinne von ‚sehr‘ und ‚groß‘; doch wer denkt bei *barbarischer Kälte* noch an den Ursprung des Wortes *barbarisch*?

"Huns", "macaronis" und "French-kiss"

Den *böhmischen Dörfern*, allem was uns *spanisch vorkommt*, kurzum: allem Unbekannten, trauen wir gelegentlich nicht recht. Das Fremde kann etwas Bedrohliches haben. Und auf Bedrohliches reagieren wir oft mit Aggressionen – vor allem in sprachlicher Hinsicht. Bezeichnungen für Fremde, zumal Angehörige anderer Nationalität, haben daher häufig etwas Herabsetzendes, weil man das Nichtvertraute ausgrenzt oder negative Erfahrungen verallgemeinert.

Im angloamerikanischen Sprachgebiet nennt man das asiatische Reitervolk der Hunnen *the huns.* Insbesondere während des Ersten Weltkriegs, aber auch noch während des Zweiten Weltkriegs erlangte *hun* jedoch eine für uns Deutsche wenig angenehme Bedeutung: 'a brutal, barbaric person, specifically a German' (‚eine brutale, barbarische Person, insbesondere ein Deutscher‘).

Sieht man einmal davon ab, daß die größten Kakerlaken in den USA *German cockroaches* heißen, dann wurde und wird das englische Adjektiv *German* erstaunlich selten zur Kennzeichnung negativer Dinge benutzt. Das "Oxford English Dictionary" listet *German* überwiegend im Zusammenhang mit naturwissenschaftlich-technischen Begriffen auf.

Im privaten Bereich kam es während der Weltkriege eher zu sprachlichen Verdrängungsmechanismen. Das Adjektiv *German* suchte man zu meiden: Hundebesitzer nannten ihren *deutschen Schäferhund* deshalb nicht mehr *German shepherd,* sondern *Alsatian,* also ‚Elsässer‘. Und Kinder, die an *Röteln* erkrankt waren, blieben nicht mehr wegen *German measles,* sondern wegen *liberty measles* dem schulischen Unterricht fern.

Unseren eigentlichen Platz im Lexikon herabsetzender Bezeichnungen haben wir Deutsche jedoch durch die Spitznamen erlangt, die uns Sprecher anderer Nationen verliehen .

Das seit dem 19. Jahrhundert geläufige französische Wort *boche* war ursprünglich eine Kurzform für *alleboche,* dessen Ursprung nicht als gesichert gilt, das aber möglicherweise aus Bestandteilen der Wörter *Allemand* (‚deutsch‘) und *caboche* (‚Dickschädel‘) zusammengesetzt ist.

Abwertende englische Slangausdrücke für *den* Deutschen waren im Ersten Weltkrieg (hauptsächlich, aber nicht ausschließlich für Soldaten): *Heinie* (als Kurzform für *Heinrich)* und *Hans Wurst,* ebenso wie *Jerry,* das man auch häufig während des Zweiten Weltkriegs und danach hörte. Der von den *Jerries,* den Deutschen, erfundene *Benzinkanister* hat als *jerrycan* sogar allgemein Eingang in die englische Sprache gefunden.

Manchmal nannten Engländer und Amerikaner einen *Jerry* auch *Fritz* oder *Kraut. Kraut* (als Kurzform für *Sauerkraut*) ist als Bezeichnung für Deutsche – wie 1972 in einem Aufsatz der Zeitschrift "American Speech" nachgewiesen wurde – allerdings schon seit dem Jahre 1841 belegt.

Kraut gehört zu den klassischen ethnisch-kulinarischen Beleidigungsausdrücken. Für den Gegner *ist* man – linguistisch gesehen – oft das, was man angeblich bevorzugt *ißt*: Wir kennen die Ausdrücke *Spaghetti-* und *Knoblauchfresser* für Italiener bzw. Türken. In den USA hört man z.B. für Lateinamerikaner, vor allem für Chicanos, *beans*, *beaners* und *beanos*; für Holländer *butter-boxes*; für Russen *cabbage-eaters*; für Mexikaner *chilis* oder *chili-eaters*; für Italiener *macaronis, spaghetti-benders* oder *meat-balls.*

Tommy ist die Koseform für *Thomas* oder *Tom*. Seit dem Jahre 1815 steht auf dem Formblatt, das jeder junge englische Rekrut bei seinem Eintritt in die Armee unterschreiben muß, der Name Tommy Atkins als Beispiel vorgedruckt. Diesem Umstand verdankt es der englische Soldat, daß man ihn in der ganzen Welt *Tommy* nennt. In den USA gibt es für Engländer auch den Spitznamen *limeys*, eine Kurzform für *lime-juicers*: So bezeichnete man ursprünglich britische Matrosen, da auf ihren Schiffen zur Skorbutverhütung das Trinken von Zitronellensaft vorgeschrieben war.

Der Spitzname *John Bull* für „den" Engländer entstammt der politischen Satire "The History of John Bull" oder "Law is a Bottomless Pit" von John Arbuthnot aus dem Jahre 1712. Darin wird das englische Volk als „wohlgenährt, gutmütig, ehrlich, gesetzestreu und freimütig" beschrieben.

Franzosen bekommen von Amerikanern als *frog-eaters* oder *frogs* ihr Fett weg. Doch auch das Adjektiv *French* kann im Englischen einem Substantiv als Attribut, als kennzeichnendes Beiwort, hinzugefügt werden, um tatsächliche oder vermeintliche Eigenschaften, Gegenstände oder Bereiche französischer Kultur und Lebensart zu charakterisieren.

Jeder englische und amerikanische Architekt nennt ‚verglaste Türen, die auf die Terrasse führen', *French doors*, kennt

French windows und spricht vom *French roof*, wenn er ein ‚Mansardendach' baut.

Auch benutzt im angelsächsischen Raum jeder gute Möbeltischler *French polish* als ‚Schellackpolitur' und *French Provincial* als Stilbegriff; der Musikliebhaber liebt eine *French overture* und ist mit dem Begriff *French horn* für das ‚Waldhorn' vertraut.

Der Schneider weiß mit *French chalk, French seams* und *French knots* umzugehen; Damenfriseure kennen als Frisur den *French twist*; der Schlachter offeriert ein *French chop*, ein ‚besonders geschnittenes Kotelett'.

Und während sich die Amerikanerin ein Paar Schuhe mit kurvenreich geschwungenen *French heels* und einen kühnen *Frenchy hat* kauft, genießt der amerikanische Gourmet – je nach Geschmack – *French walnuts, French dressing, French beans, French fried potatoes* (auch *French fries* genannt).

Er bevorzugt gegenüber dem säuerlichen einheimischen Senf häufig den *French mustard* und gönnt sich zuweilen ein *French ice-cream* und einen trockenen, eben einen *French vermouth*. Vielleicht bevorzugt er aber auch *French pastries, French pancakes* oder den berühmten *French toast*. Unter letzterem versteht man in Großbritannien eine ‚einseitig geröstete Toastscheibe', in den USA jedoch jenes kalorienreiche Frühstücksangebot, das man in Frankreich vergeblich suchen wird, nämlich 'slices of bread dipped in a mixture of egg and milk or a batter and then fried usually in very little fat, often served with syrup' (‚Brotscheiben, die in eine Mischung aus Ei und Milch oder einen geschlagenen dünnen Eierteig getaucht, dann in wenig Fett gebacken und oft mit Sirup serviert werden').

Daß es neben den kulinarischen Freuden noch andere gibt – auch das spiegelt sich im angelsächsischen Sprachraum in frankophilen Anspielungen: Der ‚Zungenkuß' ist der *French kiss*. So wie es im Amerikanischen sogar das Verb *to French-fry* gibt, kann man auch *to French-kiss* sagen – beide Wortbildungen sind im jüngsten, in Chicago erschienenen "World Book Dictionary" aufgeführt.

In Großbritannien kannte man früher selbst für das Kondom die Slang-Umschreibung *French letter*; doch bevor es zu intim wird, möchte ich mich hier lieber auf französisch empfehlen, *I would like to take French leave*.

Übrigens, falls es Ihnen in Frankreich auf einer Party einmal zu langweilig werden sollte: *sich heimlich davonstehlen* heißt auf französisch *filer à l'anglaise*.

Frankreich – die „Nation des Rechts"?

Nicht nur Bedeutung und Herleitung, sondern auch die *Schreibung* von Namen stellt häufig ein sprachliches Problem dar. Dies gilt ganz besonders für das Chinesische, weil sich dort jeder Orts-, Länder-, Familien- oder Eigenname aus Elementen zusammensetzt, die eine bestimmte Bedeutung tragen. Diese kleinsten bedeutungsmäßigen Elemente einer Sprache nennt der Linguist *Morpheme*, und im Chinesischen – das ist das Besondere – entspricht jedes *Morphem* einer *Silbe*. Harald Haarmann stellte dazu 1990 in seiner „Universalgeschichte der Schrift" folgendes fest:

„Während chinesische Namen im Hinblick auf die Bedeutung ihrer silbischen Komponenten eindeutig sind, haben ausländische Namen für einen Chinesen den Wert ‚bedeutungsloser Geräusche' ... Selbstverständlich ist es wichtig, nichtchinesische Namen zu verwenden, und man hat dafür in China zwei Lösungen gefunden. Viele Ländernamen sind beispielsweise sinisiert worden. England wird auf Chinesisch *iŋ-kuó* genannt, was ‚Nation der Helden' bedeutet. Frankreich heißt *fǎ-kuó* (‚Nation des Rechts')." (Ibid., S. 187)

Eines erkennt man schnell: Nur das erste Element hat eine annähernde lautliche Ähnlichkeit mit den ursprünglichen Namen *England* und *Frankreich*. Und die Bedeutung? Der polnische Satiriker Stanisław Jerzy Lec schrieb einmal: „*Definition* und *Finis* haben die gleiche Wurzel."

Harald Haarmann weist auch darauf hin, daß man das Namensproblem von in China lebenden Ausländern dadurch zu umgehen bemüht ist, daß ihnen rein chinesische Namen gegeben werden, aber er fügt hinzu:

„Schwieriger ist dies im Fall von Personen, die weltweit bekannt sind, sei es als Schriftsteller, Komponisten, Politiker oder historische Figuren der Weltgeschichte, außerdem bei speziellen ausländischen Ortsnamen. Solche Namen werden nicht sinisiert, sondern ihnen werden lautähnliche Morpheme des Chinesischen zugeordnet. Das Ergebnis ist zwar auch eine lautliche Annäherung der chinesischen Aussprache, die Aneinanderreihung einzelner Silben schafft aber eine geradezu ,verrückte Bedeutungskette'." (Ibid., S. 187)

In der Tat erhalten die den jeweiligen Ausgangssprachen lautähnlichen chinesischen Morphemketten – wörtlich übersetzt – in der Regel geradezu abenteuerliche Bedeutungen. Drei Beispiele: Der russische Komponist *Tschaikovsky* wird zu ,Feuerholz-plötzlich-anfangen-dieses-Grundlage', die brasilianische Stadt *Rio de Janeiro* lautet gar ,Dorf-zustimmen-heiß-drinnen-Kohlenpfanne', und der von mir im Verlaufe dieses Kapitels schon mehrfach genannte sozialkritische Erzähler *Dickens* heißt im Reich der Mitte schlicht: ,Wiederholt-ändern-dieses'.

5

Kaichnichzustimmn

Was ist ein Wort?

Beim chilenischen Schriftsteller Pablo Neruda, Nobelpreisträger des Jahres 1971, lesen wir in seinen „Memoiren":

„... es sind die Wörter, die singen, die steigen und fallen ... Vor ihnen werfe ich mich nieder. Ich liebe sie, ich schätze sie, ich verfolge sie, zerbeiße sie, lasse sie im Mund zergehen ... So sehr liebe ich die Wörter."

Ich habe in den vorigen Kapiteln viel über Wörter und ihre Bedeutungen gesprochen und bin dabei stillschweigend vom Wort als Einheit der Sprache ausgegangen. Im täglichen Leben tut man das ohnehin; für jeden, der lesen und schreiben kann, gehört das *Wort* zum Allgemeinwissen.

Man setzt die Kenntnis dessen, was einen *Satz*, erst recht aber, was ein *Wort* eigentlich ausmacht, allgemein als selbstverständlich voraus, ohne sich über eine genaue Definition Gedanken zu machen. In seinem im Jahre 1931 veröffentlichten Buche „Was ist ein Satz?" hat der Sprachwissenschaftler John Ries z.B. über 150 Definitionsversuche des Satzes zusammengestellt.

Sprachwissenschaftler haben sich natürlich auch Gedanken darüber gemacht, wie ein Wort zu definieren sei, sind aber – das könnte beunruhigend sein – von verschiedensten Forschungsansätzen ausgehend bislang nicht zu einer befriedigenden Lösung gekommen. Ein 1990 in der Zeitschrift "Cognition" veröffentlichter Aufsatz von David Premack trug den Titel "Words: What are they, and do animals have them?"

Auch der Blick in eine Grammatik hilft nicht weiter. Man liest, der Satz sei eine Kombination von Wörtern, die Redeteile seien Wortarten – aber was ist ein Wort?

Hans Arens schreibt im zweiten Band seines Buches „Sprachwissenschaft. Der Gang ihrer Entwicklung von der Antike bis zur Gegenwart" über das Wort:

„Man würde sich vergebens bemühen, diesen Begriff ‚Wort' in der allgemeinen Sprachwissenschaft genauer zu fassen. Es läßt sich im Rahmen einer gegebenen Sprache versuchen. Aber selbst dann führt die Anwendung strenger Kriterien oft zu Analysen, die wenig mit dem geläufigen Gebrauch des Ausdrucks übereinstimmen." (Ibid., S. 660)

„Bindestrich" oder „Binde-Strich"?

Von den vielen systematisch untersuchten Schwierigkeiten bei der Wortdefinition will ich hier nur einige ansprechen. Für eine exakte Wortdefinition müßte z.B. entschieden werden, ob sogenannte Komposita, also zusammengesetzte Wörter (oder sollte ich lieber sagen: Begriffe?), als *ein* Wort oder als mehrere Wörter gezählt werden. Auf Grund welcher Wörterbücher, so fragt man sich oft angesichts widersprüchlicher Angaben, soll man im Englischen darüber entscheiden, ob zwei Elemente zusammengeschrieben, mit einem Bindestrich versehen oder unverbunden nebeneinandergestellt werden. Doch reden wir vom Deutschen: *Auf Grund* in meinem letzten Satz kann man *aufgrund* des Dudens auch in einem Wort schreiben.

Daneben kennen wir in vielen Fällen die Schwierigkeit, uns zwischen Zusammenschreibung oder Bindestrich-Setzung entscheiden zu müssen. Warum schreibt man *Zusammenschreibung* zusammen – wie man oft sagt: in einem Wort? Warum setzt man bei *Bindestrich-Setzung* einen Bindestrich zwischen *Bindestrich* und *Setzung*?

Wir stellen fest: Mit den Bindestrichen hat man in vielen Sprachen – natürlich in der geschriebenen Version – seine Schwierigkeiten. Gerade die Orthographie der deutschen Sprache zeichnet sich in diesem Bereich durch ein recht kompliziertes Regelwerk aus. Manchmal ist es zum Aus-der-Haut-Fahren. Dieser substantivierte Infinitiv wird übrigens, wie Sie sehen, mit drei Bindestrichen geschrieben.

Unter dem Eintrag *Bindestrich* gibt es seitenlange Erklärungen im ersten (der Rechtschreibung gewidmeten Band) des „Duden", in übersichtlicher Form auch im „Wörterbuch der Sprachschwierigkeiten", das Joachim Dückert und Günter Kempcke 1986 in Thun herausgegeben haben.

Wußten Sie z.B., daß wir drei Arten des Bindestrichs unterscheiden – den *Ergänzungsbindestrich*, den *Erläuterungsbindestrich* und den *Durchkopplungsbindestrich*?

Ich folge Dückert/Kempcke: Bei Zusammenstellungen von zusammengesetzten oder abgeleiteten Wörtern, die einen gemeinsamen Bestandteil haben, der der Kürze oder des Wohlklangs wegen nur einmal genannt wird, setzen wir einen Ergänzungsbindestrich. Statt *Personenverkehr und Güterverkehr* sagen und schreiben wir *Personen- und Güterverkehr*; statt *sanglos und klanglos* sagen und schreiben wir: *sang- und klanglos*; statt *Gepäckannahme und Gepäckausgabe* sagen und schreiben wir *Gepäckannahme und -ausgabe*, wobei *-ausgabe* sogar klein geschrieben wird, d.h. mit kleinem Anfangsbuchstaben. *Klein geschrieben* schreibt man in dieser Bedeutung übrigens getrennt. Soweit zum Ergänzungsbindestrich, der der Vereinfachung und Verkürzung dient, um unnötige Wiederholungen zu vermeiden. Sprachökonomie ist nämlich eines der vielen in unserer Sprache wirkenden Prinzipien.

Auch der sogenannte Verdeutlichungsbindestrich will bei mehrteiligen Wörtern Klarheit schaffen, so z.B. bei unübersichtlichen Komposita, insbesondere bei solchen, die mehr als drei selbständige längere Einzelbestandteile aufweisen. Wir schreiben also: *Haushalt-Mehrzweckküchenmaschine, Angestellten-Unfallversicherungsgesetz, Studenten-Sinfonieorchester* oder *Gemeindegrundsteuer-Veranlagung*.

Bei übersichtlichen Komposita verzichtet man auf den Bindestrich (der natürlich vom Trennungsstrich zu unterscheiden ist!), etwa bei *Braunkohlenbergwerk, Feldhockeyländerspiel* oder bei *Bundesbahnoberinspektor*.

Der Verdeutlichungsbindestrich wird auch gesetzt, wenn ein zweigliedriges Kompositum mißverständlich sein kann. An den zwei Beispielsätzen, die ich Ihnen dafür gebe und die Sie am besten vor sich hinsprechen sollten, wird der Unterschied bei genauem Zuhören sofort deutlich. Achten Sie bitte auf einen bestimmten Akzent und auf eine winzige Pause! Statt der Pause setzen wir hier nämlich in der geschriebenen Sprache einen Bindestrich.

Satz 1 lautet:

Beethovens Musikerleben war bis ins hohe Alter ungetrübt.

Satz 2 lautet:

Beethovens Musik-Erleben war bis ins hohe Alter ungetrübt.

Der Verdeutlichungsbindestrich wird übrigens auch eingefügt, wenn bei der Schreibung zusammengesetzter Substantive drei gleiche Vokale zusammentreffen, z.B. bei *Kaffee-Ersatz*, *Tee-Ernte*, *See-Elefant* und *Hawaii-Inseln*. Aber wie ich Ihnen schon sagte: Es ist zum Aus-der-Haut-Fahren mit der deutschen Schreibung. Denn die eben von mir aufgestellte Regel gilt nicht für zusammengesetzte Adjektive und Partizipien; wir schreiben also bei *seeerfahren* und *schneeerhellt* tatsächlich dreimal nacheinander ein kleines E.

Auch wenn nur zwei gleiche Vokale, mehrere verschiedene Vokale oder drei gleiche Konsonanten aufeinandertreffen, steht kein Bindestrich. Beispiele wären *Zebraart*, *Kräfteausgleich* und *Sauerstoffflasche* – letzteres wird buchstäblich nacheinander mit drei (kleinen) F geschrieben.

Sie warten nun auf meine Ausführungen zum Durchkopplungsbindestrich. Er kommt recht häufig vor. Zwei seiner Verwendungen will ich erläutern. Die Regel für seine Setzung hört sich etwas kompliziert an, ist aber eigentlich gut nachvollziehbar. Der Durchkopplungsbindestrich verbindet die einzelnen Teile des Bestimmungsworts miteinander und diese mit dem Grundwort; oder er verbindet die einzelnen Teile des Grundworts miteinander und mit dem Bestimmungswort: Der *Pro-Kopf-Verbrauch* und die *Gute-Nacht-Geschichten* werden also ebenso mit zwei Bindestrichen geschrieben wie das *Wasch-Eau-de-Cologne* mit drei Bindestrichen geschrieben wird.

Der Durchkopplungsbindestrich steht auch zwischen Adjektiven, die als Einheit aufzufassen sind, ohne daß sie ihre Eigenbedeutung verlieren: Wir sprechen vom *medizinisch-technischen Fortschritt* und singen ein *heiter-beschwingtes Lied*.

Wird jedoch das zweite Adjektiv durch das erste näher bestimmt, so fehlt besagter Bindestrich: *naßkalt, schwerkrank* und *halbtot* werden also zusammengeschrieben.

Die Kopplung dient häufig auch der Klarstellung bei solchen Wortzusammensetzungen, die zwei Deutungsmöglichkeiten offenlassen: *5-kg-Dosen*, mit zwei Bindestrichen geschrieben, sind ‚Dosen, die je 5 kg fassen‘; setze ich den Bindestrich lediglich zwischen *kg* und *Dosen*, so handelt es sich um ‚fünf Dosen, die je 1 kg fassen‘. Hier dient, wie gesagt, das schriftsprachliche Setzen bzw. Nichtsetzen des Bindestrichs, das zudem in geprochener Sprache durch eine unterschiedliche Pausen- und Akzentgestaltung begleitet wird, der bedeutungsmäßigen Klarstellung.

„Kaichnichzustimmn“

Der britische Linguist Frank Palmer schrieb 1971 in seinem Werk "Grammar", das ich ins Deutsche übersetzt habe:

„Man macht es sich zu leicht, wenn man das als sprachliche Realität ansieht, was man als sprachliche Einheit begründen möchte, um die Beschreibung einer Sprache vornehmen zu können. Es gibt einen weiteren recht überzeugenden Beweis dafür, daß das Wort keine natürliche sprachliche Einheit darstellt. Der Gebrauch der Zwischenräume zur Abgrenzung von Wörtern fällt in die Zeit der Römer; die Griechen benutzten keine Zwischenräume, sondern schrieben alle ihre Wörter zusammen. Doch selbst hier befänden wir uns auf schwankendem Boden, wenn wir behaupteten, die Griechen hätten keine Vorstellung vom Wort besessen, denn ein ganzes Werk des griechischen Philosophen Plato, der *Kratylos*, handelt von der Sprache und ist wesentlich auf Gegenstände gerichtet, die zweifellos Wörter sind." (S. 41)

An zwei Fällen haben wir nun festgestellt, daß die gesprochene Sprache manchmal geeignet ist, Unklarheiten bzw. Mehrdeutigkeiten der geschriebenen Sprache zu beseitigen – zu *disambiguieren*, wie der Linguist sagt. Dem dadurch bei Ihnen möglicherweise entstandenen Eindruck, die gesprochene Sprache habe keine Schwierigkeiten mit der Bestimmung dessen, was ein Wort ist, *kaichnichzustimmn*.

Ich hoffe, Sie haben noch nicht abgeschaltet: Das letzte lautimitierende Gebilde muß in der Art des *Missingsch*, der Hamburger Stadtmundart, ausgesprochen werden.

Im Missingsch werden Einzellaute und Wörter in ganz bestimmter Weise modifiziert und zusammengezogen. Als Nicht-Hamburger, erst recht wohl als jemand, der die deutsche Sprache nicht beherrscht, könnte man durchaus auf die Idee kommen, die Sequenz *kaichnich* sei *ein* Wort.

Kaichnich im Missingsch ist die Zusammenziehung der hochdeutschen Wörter *kann ich nicht*.

"*I scream: 'Ice cream'*"

Ich erinnere mich noch gut daran, wie ich als Schüler samstags begeistert die im „Hamburger Abendblatt" abgedruckten Gedichte und Glossen des Dichters Dirks Paulun zu enträtseln trachtete. Er imitierte die Sprechweise des Missingsch nämlich auch im Druckbild dadurch, daß er ganze Satzfolgen zusammenschrieb, die man als Leser langsam vor sich hinsprach, um sie zu entschlüsseln. Auch in der gesprochenen Sprache, und hier nicht nur in mundartlicher Ausprägung, haben wir Schwierigkeiten bei der Bestimmung der Grenzen zwischen Wörtern oder kleineren Bestandteilen. Im Englischen z.B. kann zwischen dem Vokal /ə/ und dem Konsonanten /k/ eine Grenze liegen, aber es muß hier keine Grenze liegen: entsprechend lautet die Bedeutung von /əˈkʌmpəni/ entweder ‚eine Firma' (*a company*) oder ‚begleiten' (*accompany*). Der Unterschied ist nicht hörbar, nur durch den Kontext zu entschlüsseln. Es kann zu Mißverständnissen kommen, weil wir nicht wissen, *ob* eine Wortgrenze existiert; manchmal haben wir auch Schwierigkeiten, zu erfassen, *wo* sie verläuft, denn es kann verschiedene Interpretationsmöglichkeiten bei Wortfolgen geben. Mit solchen Interpretationsmöglichkeiten spielt auch der Sänger und Jazzmusiker Chris Barber in seiner berühmten Song-Version "I scream: 'Ice-cream'".Weniger die Aussprache als der sprachliche Kontext ist es auch hier, der für uns deutlich macht, ob /aiskri:m/ als /ai 'skri:m/, ‚ich schreie‘, oder als /'ais `kri:m/, ‚Speiseeis‘, zu verstehen ist. Im schnellen Fluß der Sprache sind die phonetischen Unterschiede, die abweichende Wortgrenzen markieren, nämlich nicht auszumachen. Erst, wenn man einen Ausschnitt der Lautfolge isoliert, kann man leichter bestimmen, ob ein fester oder ein loser Anschluß – linguistisch gesprochen: eine *geschlossene* oder *offene Junktur* – vorliegt. Entsprechend gelangen wir dann entweder zu *that stuff* (‚jener Stoff‘) oder zu *that's tough* (‚das ist stark‘), zu *leere Trichter* oder zu *lehret Richter*, zu *Philipp preist* oder *Philipp reist*, zu *Ski fliegen* oder *schief liegen*.

Und schief liegen können wir auch, wenn es um die Grenze *innerhalb* eines Wortes geht. Vergleicht man die Aussprache der englischen Wörter *nitrate* (deutsch ‚Nitrat‘) und *nightrate* (deutsch ‚Nachttarif‘), so kann man beim Übergang von /t/ zu /r/ gewisse Unterschiede ausmachen, die den Grad der Aspiration, also der Behauchung, und der Lautdauer betreffen.

Im Deutschen läßt sich z.B. bei langsamer und verdeutlichender Sprechweise zwischen *Wach-Traum* und *Wacht-Raum* unterscheiden, jedoch wiederum nur, wenn wir ganz aufmerksam hinhören. Genaugenommen ist nämlich selbst innerhalb der Phonetik der von mir erwähnte *Junkturbegriff* nicht ganz fest etabliert. Er fällt (wie die Phänomene Ton, Intonation, Akzent und Quantität) in den Bereich der prosodischen Merkmale.

"nickname"

Als *prosodisch* bezeichnet man jene Merkmale der gesprochenen Sprache, die im physikalischen Signal des Wort- bzw.

Wortgruppenverlaufs nicht direkt segmentierbar sind, sondern die sich erst durch Vergleich mit den vorangehenden und nachfolgenden Teilen des Signals nachweisen lassen. Grundsätzlich gilt zudem die Tatsache, daß sich das Wort in der gesprochenen Sprache nicht aufgrund von Unterbrechungen des Redestroms erkennen läßt. Auch jede visuelle Redewiedergabe durch mechanische und elektronische Instrumente weist die Rede als ein Kontinuum aus.

Und dieses Kontinuum zeigt dort, wo in vielen, auch den europäischen Sprachen die geschriebenen Wörter – mit den genannten Einschränkungen – abgetrennt werden, keine Unterbrechungen. Anders sind auch solche Hör- und Schreibfehler nicht zu erklären, wie sie sich z.B. bei der Entstehung der englischen Wörter (*a*) *nickname* (aus *an eke name*), (*an*) *apron* (aus *a naperon*) , (*an*) *adder* (aus *a nadder*) und (*a*) *newt* (aus *an eut/evet*) finden.

Das altenglische Wort hieß *eāc(a)-nama* und bedeutete ‚Auch-Name‘, also ‚zusätzlicher Name‘; im Spätmittelenglischen begegnen uns plötzlich zwei Formen: *an icknāme* und – offenbar weil ein Schreiber dies mißverstand und das *n* des unbestimmten Artikels versehentlich dem folgenden Substantiv zuschlug – auch *a nicknāme*. Diese korrumpierte Form setzte sich durch, und somit entstand im Neuenglischen nach entsprechendem Lautwandel des langen /ā/ zum Diphthong /ei/ schließlich das Wort *nickname*.

„Wort“-Gefühl

Orthographische Kriterien der Wortbestimmung, von denen ich gesprochen habe, sind allein deshalb nicht universell anwendbar, weil nur etwa 13% der nach einer jüngsten Zählung 5103 bekannten lebenden Sprachen auf der Welt überhaupt die Schrift kennen. Und dann gibt es Sprachen – zu ihnen zählen das Japanische und Chinesische –, die zwar über eine Schrift verfügen, bei denen aber die Wortgrenzen nicht in der Schrift erkennbar sind. Wir stoßen außer den genannten orthographischen und phonetischen noch auf morphologische, semantische und syntaktische Probleme vielfältigster Art, die einer genauen Wortdefinition entgegenstehen.

Die von mir hier skizzierten Probleme mögen vielen als Pedanterie erscheinen. Doch man muß sich mit ihnen z.B. bei der maschinellen Zerlegung eines Textes in Wörter auseinandersetzen.

In einem in den USA unter dem Titel "The Computer and Literary Style" erschienenen Sammelband schrieb Robert S. Wachal schon im Jahre 1966:

„Es ist nicht wahr, daß jeder weiß, was ein Wort ist, und selbst wenn es wahr wäre, sollte man ‚jeder‘ nicht so verstehen, daß dazu auch Computer zählen. Einer Ansammlung von Drähten, Magneten und Transistoren fehlt selbst das elementarste Sprachgefühl . . .“

Auch im Zeitalter modernster Chips bleibt diese Aussage bislang richtig und bestätigt nur das, was der Heidelberger Linguist Hans J. Vermeer in seinem Buch „Allgemeine Sprachwissenschaft“ im Jahre 1972 wie folgt ausdrückte:

„Jene Zeichen-Einheit, die dem naiven Sprecher (unseres Kulturkreises) als Einheit par excellence im Bewußtsein zu sein scheint und die allgemein als Wort bezeichnet wird, ist nicht im Rahmen einer Allgemeinen Sprachwissenschaft, sondern höchstens sprachspezifisch definierbar, vielleicht auch kulturspezifisch . . . Wir erkennen dem Wort . . . keinen eigenen Rang zu. Als psychologische Einheit bietet sich das ‚Wort‘ jedoch sprachspezifisch an, um gewisse Phänomene formaler und semantischer Natur zu behandeln.“ (Ibid., S. 217)

Auch die beeindruckenden lexikographischen Bemühungen unserer Wörterbücher helfen uns nicht bei unserem Problem, Wörter abzugrenzen und zu isolieren, erst recht nicht bei der Beantwortung der Frage, wieviele Wörter die deutsche, persische, portugiesische oder irgendeine sonstige Sprache hat. Genaugenommen listen die Wörterbücher nämlich keineswegs alle Wörter einer Sprache auf, sondern sogenannte Lexeme, ganz bestimmte Wortschatzeinheiten, die zudem in verschiedenen Ländern zum Teil nach unterschiedlichen Gesichtspunkten ausgewählt, geordnet und eingetragen werden. Niemand findet alle grammatischen Wortformen, die sich z.B.

durch Konjugation, Deklination, Steigerung oder Anfügen von Vor- und Nachsilben ergeben, ganz zu schweigen von Analogie- oder Neubildungen, als Wörterbucheinträge.

Wir können das Wort nicht definieren; es wird nie möglich sein, die Gesamtzahl der Wörter des Deutschen oder irgendeiner anderen Sprache exakt festzulegen bzw. zu ermitteln. Ulrich Engel kommt (²1991) in seiner „Deutschen Grammatik" zu dem Fazit:

„Die Situation, wie sie sich aufgrund der bisherigen erfolglosen Definitionsversuche darstellt, ist deprimierend ... Aber dem trostlosen Gesamtbild steht die Tatsache gegenüber, daß man über Wörter reden kann, ohne sich mißzuverstehen." (Ibid., S. 16)

Sollen wir nun resignieren, weil wir ein bestimmtes Element unserer Sprache, das Wort, – ebenso, worauf ich bereits hinwies, wie den Satz – strenggenommen nicht bestimmen können? Die Antwort lautet: „Nein". Abgesehen davon, daß man auch in anderen Wissenschaften recht gut mit hypothetisch gesetzten Begriffen arbeitet, hat gerade die *Morphologie*, die Wortbildungslehre, als Teilbereich der Sprachwissenschaft ohne eine exakte Wortdefinition (z.B. unter Rekurs auf die kleinsten bedeutungstragenden Einheiten, die *Morpheme*) für die Erforschung der Sprache Bedeutendes geleistet.

Im übrigen muß man wohl zugeben – dies meinte auch der berühmte amerikanische Linguist Edward Sapir im Jahre 1921 –, daß selbst in schriftlosen Kulturen „Sprecher und Hörer ein ‚Gefühl' für das Wort haben." Zu dieser Äußerung schließe ich mich dem Kommentar an, den meine Kollegen Henning Bergenholz und Joachim Mugdan 1979 in ihrer „Einführung in die Morphologie" abgegeben haben:

„Die Frage, wie dieses Gefühl zustande kommt und welche Rolle bei seiner Ausprägung kulturelle Normen und Bildungsinstitutionen spielen, ist ... noch weitgehend offen und wäre einer genaueren Untersuchung wert." (Ibid., S. 29)

6

Four-letter words
Tabus und Schönrederei

Haben Sie Angst vor einem Wiesel? Oder bezweifeln Sie vielleicht, daß die Frage etwas mit der Sprache zu tun hat? Aber wußten Sie, daß es weltweit mindestens zwei Dutzend Tiere gibt, deren Namen man aus Furcht vor der dämonischen Macht dieser Tiere nicht auszusprechen wagt?

„Bienenwolf" und „Honigschwein"

Da der *Name* von archaischen Menschen neben Körper und Seele als Teil des Wesens angesehen wurde, fürchtete man (und fürchtet dies in manchen Gegenden bis heute), mit dem Aussprechen des Tiernamens die in ihm verkörperten Geister und dämonischen Kräfte herbeizurufen.

Es galt also, Ersatzwörter zu finden, die nicht negativ besetzt waren. Lassen Sie mich das näher erklären. Der brasilianische Linguist Mansur Guérios hat 1956 in Rio de Janeiro ein Buch unter dem Titel „Tabus lingüísticos" veröffentlicht. Es enthält eine Auflistung der ausgefallensten Namen für Ameisen, Schlangen, Bienen, Würmer, Schmetterlinge, Eichhörnchen, aber auch für den Tiger, den Löwen und – den Bären: Bei uns heißt er *Meister Petz*, aber anderswo *der Braune*, *der Bienenwolf* oder – im Russischen – *der Honigesser*, im Walisischen *das Honigschwein*.

"weasel words"

Ein Lebewesen jedoch – und damit komme ich auf meine Frage zurück – stellt das bemerkenswerteste Beispiel dar: Es ist das Wiesel.

Aus Furcht vor diesem Tier, von dem man glaubte, es könne Krankheiten anhauchen, wählte man die wunderlichsten Umschreibungen, die sich auffällig ähneln: Im Italienischen heißt es *donnola*, im Portugiesischen *doninha*, also ‚kleine Dame‘; im Französischen *belette*, im Schwedischen *lilla snälla*, also ‚kleine Hübsche‘; auf bairisch *Schöntierlein*, *Schöndinglein*. Andere Sprachen belegen den wendigen Beutegreifer sogar mit Wörtern aus dem familiären Umkreis – wie *Braut*, *Schwiegertochter*, *Schwägerin* oder *Klatschbase*.

Wenn heutzutage ein Amerikaner im übertragenen Sinne von einem *weasel* spricht, meint er ‘a cunning, sneaky person’, also ‚einen hinterhältigen Menschen‘. Das intransitive Verb *to weasel* bedeutet umgangssprachlich ‚drumherumreden‘:

The accused man tried to weasel but after hearing the evidence against him admitted his part in the plot.

(‚Der Angeklagte versuchte drumherumzureden, doch nachdem er die Anklage gegen sich gehört hatte, gab er seine Beteiligung an dem Unternehmen zu.‘)

Aufschlußreich ist die Erklärung des transitiven Verbs im amerikanischen "World Book Dictionary" aus dem Jahre 1992: ‘to deprive a word or phrase of its force or meaning’ (‚ein Wort oder einen Ausdruck seiner Kraft oder Bedeutung berauben‘). Und sogenannte *weasel words* werden dort beschrieben als ‘lacking in force or exact meaning’ – den Wiesel-Wörtern mangelt es also an Kraft und exakter Bedeutung. Diese Erklärung ist ebenso treffend wie die im Jahre 1990 von der Duden-Redaktion und der Oxford University Press gemeinsam veröffentlichten „Großwörterbuch Englisch“: Dort wird das *weasel word* nicht – wie man oft in Lexika liest – als ‚doppelsinniger‘ bzw. ‚mehrdeutiger‘, sondern als ‚vager und unscharfer Begriff‘ erklärt.

Die *weasel words* sind in den USA durch Theodore Roosevelt bekannt geworden, der 1916 die Politik Woodrow Wilsons mit den Worten angriff:

"You can have *universal training* or you can have *voluntary training*, but when you use the word *voluntary* to qualify the word *universal*, you are using a *weasel word*; it has sucked all the meaning out of *universal*. The two words flatly contradict each other."

(‚Man kann eine *umfassende Ausbildung* oder eine *freiwillige Ausbildung* haben, aber wenn man das Wort *umfassend* mit dem Wort *freiwillig* einschränkt, dann benutzt man ein *Wiesel-Wort*; es hat die eigentliche Bedeutung aus dem Wort *umfassend* herausgesaugt. Die beiden Wörter widersprechen sich schlichtweg.')

Nun fragt man sich an dieser Stelle, wie es zu dieser Bezeichnung gekommen ist. Roosevelts Erklärung, die ihrerseits einiges vom Glauben an die Magie des Wortes widerspiegelt, findet sich verblüffenderweise auch im angesehenen "Penguin Dictionary of English Idioms" – erschienen im Jahre 1986. Es heißt dort über die *weasel words*:

"They suck the life out of the words, just as a weasel sucks the egg out of its shell."

(‚Sie saugen den Wörtern das Leben aus – so wie ein Wiesel das Ei aus seiner Schale saugt.')

Auch Wörter, mit denen eine zuvor gemachte Aussage wieder abgeschwächt wird, nennt man *weasel words*. Wenn wir also lesen:

"We must expand our exports and at the same time protect our home industries" (‚Wir müssen unseren Export steigern und gleichzeitig unsere heimische Industrie schützen'),

dann besteht die zweite Satzhälfte aus *weasel words.*

Das ist „tabu"!

Kehren wir vom eiersaugenden Marder zurück zu unserem Thema. Die Beispiele aus dem Tierreich führen uns in das Themenfeld jener sprachlichen Erscheinungen, die unseren Alltag in vielfältiger Weise bestimmen: der sprachlichen *Tabus* und *Euphemismen*. Überreste der magischen Sprachauffassung finden sich nämlich seit den sogenannten *Kenningar*, den poetischen Ersatzausdrücken der altgermanischen Poesie, bis in die heutige Zeit. Ein Beispiel für ein Namenstabu in der modernen Literatur gibt z.B. Michael Ende. Im 11. Kapitel seines Märchen-Romans „Momo", jener seltsamen Geschichte von den Zeit-Dieben und von dem Kind, das den Menschen die gestohlene Zeit zurückbrachte, erfahren wir von einem „Sogenannten".

Gemeint ist der sogenannte „Meister Hora", dessen genaue Namensnennung – wie es heißt – „nicht ganz schicklich" sei.

Das Wort *Tabu* stammt übrigens aus der polynesischen Tongasprache und bedeutet dort sowohl ‚heilig' als auch ‚unberührbar'. Der britische Linguist Stephen Ullmann schrieb einmal, es sei sehr bezeichnend für die allgemeine Verbreitung von Tabus, daß wir ein derart exotisches Wort bemühten, um ein in unserer eigenen Kultur verbreitetes Phänomen zu benennen.

Das Namenstabu spielt z.B. eine Rolle in Märchen und Sagen: Wir alle kennen das Grimmsche Märchen vom „Rumpelstilzchen"; in einer Sage von der Insel Sylt verlobt sich der dämonische Zwerg „Ekke Nekkepenn" mit Inge von Rantum. Nur dadurch, daß sie seinen Namen erfährt und ausspricht, kann sich die Frau aus seiner Gewalt befreien.

Wie verbreitet Namenstabus noch heute sind, konnte man in der Ausgabe des amerikanischen Magazins Newsweek vom 12. Januar 1987 nachlesen: Daß ein Zeitungsartikel über die Lokkerung der staatlich verordneten chinesischen Pressezensur das Mitglied des Politbüros Hu *namentlich* erwähnte, wurde als Ausdruck beispielloser Kritik gewertet:

"The article went so far as to mention Hu by name, an unprecedented degree of criticism for a high-level official."

(‚Der Artikel ging so weit, Hu bei seinem Namen zu nennen, eine beispiellose Art von Kritik für einen hochrangigen Regierungsvertreter.')

Sprachtabus haben offenbar drei Hauptursachen: Zunächst gibt es Tabus, die aus der Furcht oder – wie Sigmund Freud in seiner Schrift „Totem und Tabu" sagte – aus der „heiligen Scheu" geboren sind.

Gemeint sind die Tiertabus, auf die ich schon eingegangen bin; gemeint sind aber auch religiöse Beschränkungen beim Gebrauch der Gottesbezeichnungen (am bekanntesten wohl in der jüdischen Religion) sowie die abergläubische Neigung, die Toten, den Teufel und die bösen Geister nicht zu erwähnen.

In der Manobo-Sprache – sie wird auf den Philippinen gesprochen – bedeutet die Aussage *Dein Bruder ist sehr krank*, daß der Bruder gestorben ist. Dies hängt mit der tiefverwurzelten philippinischen Wesensart zusammen, eine Nachricht zu umschreiben. In der im westafrikanischen Ghana gesprochenen Twi-Sprache sagt man nicht *er ist gestorben*, sondern *er ist in sein Dorf gegangen*.

Sogenannte *Periphrasen*, umschreibende Ausdrücke, für den Verstorbenen, für den Tod und die Bestattung kennen wir auch in den europäischen Sprachen.

„Das Zeitliche segnen"

Wir sind im zweiten Tabu-Bereich, dem des *Takts*. Denn nicht nur Furcht und Grauen vor dem Tod, sondern auch Respekt und Rücksichtnahme zählen zu den Motiven, die uns zu beschönigenden Wendungen, zu *Euphemismen*, greifen lassen. Für das Sterben verzeichnete z.B. die Zeitschrift "American Speech" schon im Jahre 1936 eine Vielzahl von englischen Umschreibungen, die sich seitdem eher noch vergrößert hat.

Einige Beispiele sollen genügen: *to go to one's last rest* („seine letzte Ruhestätte finden'), *to depart* („hinscheiden'), *to have gone to the next world* („in eine andere Welt übergegangen sein') oder – Raucher mögen die Anspielung auf eine Zigarettenreklame verzeihen – *to go west*, ein besonders in den Weltkriegen beliebter Slangausdruck. Wir alle kennen viele deutsche Entsprechungen: *die Augen für immer schließen*, *das Zeitliche segnen*, usw.

Viele Euphemismen fußen auf biblischen Stellen: statt *sterben* heißt es im 1. Buch Mose 3, Vers 19: *zu Staub werden*; vom Sterbenden heißt es bei Matthäus 26, Vers 18: *seine Stunde ist nahe*.

Häufig kann man gerade im sprachlichen Umfeld des Todes feststellen, wie der *Euphemismus* in sein Gegenteil, den *Dys-*

phemismus, umschlägt. Ich denke dabei im Englischen an *to snuff it* (,ins Gras beißen') oder *to kick the bucket* (,abkratzen'; wörtlich übersetzt: ,den Eimer umstoßen'), aber auch an Bildungen in romanischen Sprachen. Mit einer kräftigen Dosis Galgenhumor blickt man dort dem Gevatter Tod ins Gesicht und benutzt dabei die absonderlichsten Ausdrücke für das Sterben.

Ich nenne nur eine kleine Auswahl, jeweils mit der wörtlichen Übersetzung ins Deutsche: *n'avoir plus mal aux dents* (,keine Zahnschmerzen mehr haben'), *perdre son bâton* (,seinen Spazierstock verlieren'), *casser sa pipe* (,seine Pfeife zerbrechen'), *passer l'arme à gauche* (,die Waffe in die linke Hand nehmen'), *fermer son parapluie* (,seinen Regenschirm zumachen'), *fêler son saladier* (,seine Salatschüssel zerbrechen'), *poser sa chique* (,seinen Kautabak weglegen'). Im Spanischen: *estirar la pata* (,die Tierpfote ausstrecken') und *irse al otro barrio* (,in den anderen Bezirk gehen') .

Auch hier gibt es Vergleichbares im Deutschen: *abkratzen, den Löffel aus der Hand legen, sich die Radieschen von unten ansehen* oder *ins Gras beißen*. Im Schweizerischen hört man für *sterben* den Ausdruck *Firabend mache*; im Hamburger St. Pauli-Milieu – so las ich vor nicht allzu langer Zeit in der Zeitschrift „Szene" – kursiert die Umschreibung *die schwarze Essensmarke kriegen*.

Das elementare Phänomen des *Todes* wird durch das Wort kraftmeierisch überkompensiert – aus Hilflosigkeit. Auffällig ist dabei, daß sich nur wenige echte Sprichwörter auf den Tod des Menschen beziehen. Hier wird der Tod eher ausgeklammert, also totgeschwiegen und dadurch tabuisiert.

„Plötzlich und unerwartet"

Wie steht es mit den Todesursachen? Früher wurden sie durchaus genannt: In einer deutschen Todesanzeige aus dem Jahre 1753 im „Ulmer Intelligenzblatt" konnte man lesen: „In der Nacht, unterm 14. huj. ist Totl. Herr Johann Albrecht Cramer, weiland des Raths, Zeugherr und Handelsmann allhier, in einem Alter von 70 Jahren an einem Schlagfluss gestorben." Wer heute *plötzlich und unerwartet* das Zeitliche segnet, der hat einen Herzinfarkt oder einen Unfalltod erlitten, die Krebserkrankung wird durch ein *„langes schweres Leiden"* umschrieben.

De mortuis nil nisi bene

„Über die Toten (soll man) nur im guten Sinne (sprechen)" – diese bekannte lateinische Version des ursprünglich vom griechischen Redner Demosthenes stammenden Ausspruchs hat auch heute – von spektakulären Ausnahmen abgesehen – noch ihre Gültigkeit. Die alte Regel, „die auf die archaische Angst vor der Rache der Verstorbenen zurückgeht, wird auch heute noch in den Todesanzeigen allgemein befolgt" – so der Ratzeburger Pfarrer Hans Mader in seinem 1990 veröffentlichten Buch „Es ist echt zu bitter – Todesanzeigen gesammelt und kommentiert". Späte Rache vermutet der Pfarrer allerdings in diesem Nachruf: „Rita – Der Tod ist barmherziger als Deine Unbarmherzigkeit. Als letzten Gruß: Heini."

"Politically correct": das „melanin-arme" Schneewittchen

Tabus begegnen uns in nahezu allen Lebensbereichen. In den USA diskutiert man seit einigen Jahren an vielen Universitäten bestimmte Verhaltensregeln, sogenannte *Behavior Codes*, die festlegen, was *PC* ist und was nicht – *PC* steht für 'politically correct' – 'politisch korrekt'. Bekämpft werden *laughism, ageism, lookism, sexism* usw.: Man muß sich also vorsehen, wen man wie anschaut oder gar anlächelt, welche Altersangaben oder welches Flirtverhalten als diskriminierend empfunden werden könnten.

Die „politisch Korrekten" sind überwiegend an Colleges und Universitäten anzutreffen. Es handelt sich bei ihnen um Politmissionare, die in sprachlicher Hinsicht auf besonders leisen Sohlen daherkommen und eigentlich niemandem zu nahe treten wollen. Dennoch gehen sie vielen auf die Nerven. Neben berechtigten Sprachreformvorschlägen warten sie nämlich mit teils unbedarften, teils grotesken Ausdrücken und Formulierungen auf, die sie uns aufzwängen wollen – bierernst und ohne Humor.

Reichlich Humor haben allerdings Henry Beard und Christopher Cerf, die 1992 endlich das Handbuch herausbrachten, mit dem man sich politisch korrekt ausdrücken kann: "The Officially Politically Correct Dictionary Handbook". *"Watch what you say"* heißt seine Devise, und es beginnt daher mit einer programmatischen Widmung:

"For the former Donna Ellen Cooperman, who after a courageous yearlong battle through the New York State court system, won the right to be known as Donna Ellen Cooperperson."

(‚Für die frühere Donna Ellen Cooperman, die sich nach einem tapferen jahrelangen Kampf mit der Justiz des Staates New York das Recht erstritt, sich Donna Ellen Cooperperson nennen zu dürfen.‘)

Donna Ellen Cooperperson, wie sie also genannt werden möchte, um als Cooperman ja keinen Anklang an etwas Männliches zu evozieren, ist eine Frau, *a woman,* wie man im Englischen sagt, doch *frau* schreibt – politisch korrekt – *woman* nicht in der überlieferten Form, sondern w-o-m-o-n . So hatte es 1983 die Autorin Debbie Alicen gefordert:

"I deny the necessity and the desirability of the connection of *woman* and *man* and use the spelling w-o-m-o-n as one way of removing *man* from the picture." (‚Ich bestreite, daß die Verbindung von *woman* und *man* notwendig und wünschenswert ist und verwende daher die Schreibung w-o-m-o-n, um das Wort *man* zu beseitigen.‘)

Ja, man hat schon seine Sorgen mit der neuen Grammatik der politisch Korrekten. Ob Donna Ellen Cooperperson nun ‚kurzsichtig‘ und ‚kahlköpfig‘ ist oder nicht, Verzeihung: *optically inconvenienced* bzw. *hair disadvantaged* – eines steht fest: Sobald sie Angaben über ihre Größe, ihre Hautfarbe und ihre ethnische Herkunft machen muß – auf manchen Formularen läßt sich das in den USA nicht vermeiden –, steht sie vor weiteren Problemen.

Ist sie von besonders ,kleinem oder großem Wuchs', also das, was man früher *shorter* or *taller than average* nannte, so kann sie sich als *differently sized* oder als *vertically challenged* empfinden, als ,vertikal herausgefordert'. Aber darf sie sich *weiß* nennen – also *white*? Nein, auch das sollte sie nicht tun. Eher schon ist sie eine *person of noncolor*.

Eine Broschüre des "Department of Rhetoric" der "University of California at Berkeley" verrät uns die absolut korrekte Bezeichnung für weiße Hautfarbe: *melanin impoverished* – also: ,arm an Melanin, an Pigmentstoffen'. Das Märchen von „Schneewittchen und den sieben Zwergen" hieße also: "Snow Melanin-Impoverished and the Seven Vertically Challenged Individuals".

Um nicht mißverstanden zu werden: Manche Motive und Forderungen der PC-Bewegung waren und sind durchaus sinnvoll und anerkennenswert. So arbeitet z.B. an der "School of Journalism" der "University of Missouri in Columbia" eine Gruppe unter dem Namen "Multicultural Management Program". Sie hat 1989 ein warnendes "Dictionary of Cautionary Words and Phrases" herausgegeben: Journalisten sollen darin als Multiplikatoren u.a. dazu angehalten werden, herabsetzende oder möglicherweise als herabsetzend empfundene Bezeichnungen für bestimmte Bevölkerungsgruppen zu meiden – z.B. die von uns im 4. Kapitel genannten Ausdrücke für Chicanos, aber auch solche für Mexikaner (*Julio, Chico, Pancho*) oder assimilierte Mexikaner (*coconut*).

Die Vielzahl herablassender und daher zu meidender Wörter für Lateinamerikaner beweist, daß hier offenbar das US-amerikanische sprachliche Gewissen schlägt. Ob das wohl seinen Grund hat?

Die Schlacht der Lügen

Eines ist sicher: Die Neigung zu Euphemismen, ob aus Höflichkeit, aus Wunschdenken oder aufgrund zynisch-rhetorischer Verschleierungstaktik, war seit jeher verbreitet.

Schon der römische Geschichtsschreiber Cornelius Tacitus erfand eine Rede, in der der piktische Heerführer Calgacus vor seinen Soldaten angesichts der letzten und hoffnungslosen Schlacht über die Römer sagt:

„... sie schleppten weg, sie metzelten, beraubten unter falschem Namen das ganze Reich, und wo sie eine Wüste schaffen, sprechen sie von Frieden."

Und im zwanzigsten Jahrhundert? Euphemismen für Mord und Totschlag finden sich in den Berichterstattungen über die Greueltaten im stalinistischen Rußland, über die Nazi-Verbrechen, über die Grausamkeiten des Vietnam- und des Golfkrieges.

Bedrückende Beispiele für moderne sprachliche Verschleierungstechniken – bezogen auf die amerikanische Berichterstattung vom Golfkrieg – finden sich in dem (1992 in den USA und) 1993 in deutscher Übersetzung erschienenen Buch von John R. MacArthur „Die Schlacht der Lügen: Wie die USA den Golfkrieg verkauften."

"king-sized"

Wenden wir uns nach Beispielen aus dem Umkreis von Krieg, Tod und Politik dem angenehmeren Alltag zu. Auch hier stoßen wir häufig auf Euphemismen. Denken wir z.B. an die Bezeichnungen für den Körperumfang. Wir meiden das Wort *dick* und sprechen von *wohlgenährt, stark, vollschlank* oder *stattlich*.

In einem Interview der "New York Times" charakterisierte vor einigen Jahren ein *Modeschneider* – oder soll ich sagen: *Couturier* ? – bei der Eröffnung seines *outsize shop*, eines Bekleidungsgeschäfts für Übergrößen, seine Werbemaßnahme: „Das Wort *dick* ist zu meiden – wir sprechen von der *Königsgröße*":

"*Fat* is one word we'd never, never dream of using. Nor are we fond of *portly, oversized* or *heavyset*. When referring to our customers, we much prefer to say *king-sized*."

Auch in Hamburg gibt es zwei Läden für sogenannte Übergrößen: der eine heißt "High and Mighty" (,Groß und Kräftig'), der andere gab sich trotzig den Namen „Dick und Chic".

„So'n Schiet"

Wir haben erkannt: Euphemismen wollen etwas verhüllen, sie wollen eine tatsächliche oder vermeintliche Peinlichkeit gegebenenfalls durch plumpen Witz beseitigen. Dies zeigt sich ganz besonders deutlich in der Sexualsphäre und bei Flüchen.

Abgesehen vom Japanischen, von den polynesischen und den Indianersprachen Amerikas, deren Sprecher sich offenbar verbal stärker zurückhalten, wird weltweit kräftig geflucht – besonders phantasiereich u.a. im Arabischen, Ungarischen, Türkischen und Neugriechischen. Aber auch Schimpf und Schande haben natürlich eine lange Tradition. Daß die alten Römer sich eines besonders ätzenden Spottes befleißigten, bezeugen die giftigen Ausfälle in Ciceros Reden, in den Epigrammen des Martial, in Juvenals Satiren, im Roman des Petron und in den Komödien von Plautus und Terenz: Gerhard Fink hat 1991 unter dem Titel „Schimpf und Schande" eine vergnügliche Schimpfwortkunde des Lateinischen vorgelegt – ein Vademecum für alle, die starke Klassiker(schimpf)worte lieben.

„Der Fluch ist das Gebet des Teufels" – so der Aphoristiker Hans Lohberger. Wir alle wissen: Das Fluchen kann befreien, gleichwohl gilt es als unfein. Es gibt eine vermeintliche Hintertür – den Dialekt. „So'n Schiet", sagt auch schon einmal der vornehme Hanseat – auf Plattdeutsch klingt's nicht gar so ordinär – obwohl auch das, linguistisch gesehen, schon wieder ein Vorurteil ist.

Schimpf, Spott oder Scherz?

Stark gefühlsbetonte Äußerungen, dazu zählen Flüche, Beschimpfungen, Spott- und Spitznamen, aber auch Kosenamen, sind in einer Fremdsprache nicht leicht zu handhaben. Wer mit ihnen nicht groß geworden ist, wer nicht weiß, was bei einem

Wort mitschwingen kann, wer bestimmte soziale und politische Hintergründe nicht kennt, kann bei falschem Gebrauch in viele Fettnäpfchen tappen. Andererseits muß er damit rechnen, daß ihm manche Anspielungen entgehen.

Der amerikanische Schriftsteller Paul Theroux formulierte das in seinem 1973 veröffentlichten Roman "Saint Jack" wie folgt:

"A foreign swear-word is practically inoffensive except to the person who has learnt it early in life and knows its social limits."

(‚Ein fremdsprachiges Schimpfwort ist praktisch unanstößig, außer für die Person, die es in frühester Jugend gelernt hat und um seine sozialen Grenzen weiß.')

Herbert Koziol, ehemals Anglistik-Professor an der Universität Wien, wies 1967 in seinem Werk „Grundzüge der englischen Semantik" darauf hin, daß sich nicht nur zwischen den Schimpfnamen und den Spottnamen keine scharfe Grenze ziehen läßt, sondern auch zwischen diesen und den Kosenamen Berührungen bestehen:

„Eine Bezeichnung wie *ne'er-do-well* (‚Taugenichts') kann in Zorn und Ärger als Schimpfname gebraucht werden, in anderen Fällen als recht milder Spottname; und *monkey* kann man als Schimpf- oder Spottnamen verwenden, aber *little monkey* wird auch humoristisch-zärtlich zu einem Kind gesagt." (Ibid., S. 234)

Bevor wir uns einigen Schimpfwörtern zuwenden, befassen wir uns kurz mit der Bedeutungsgeschichte des Wortfeldes *schimpfen* selbst und versetzen uns zu diesem Zweck ins 17. Jahrhundert:

Im Jahre 1657 erschien erstmals jenes Theaterstück von Andreas Gryphius, das gemeinhin als „Herr Peter Squenz" bekannt ist. Es hat den merkwürdigen Untertitel „Ein Schimpfspiel in drei Aufzügen", der einem erst recht unverständlich bleibt, wenn man erfährt, daß der vollständige Titel des Stücks lautet: „*Absurda Comica* oder *Herr Peter Squenz*". Wer das Stück liest, bemerkt allerdings schnell, daß es ein Lustspiel ist. Im dritten Aufzug beruhigt nämlich Peter Squenz das Publikum dahingehend, daß es die Bühnendarstellung des Piramus-

und-Thisbe-Dramas nicht ernst nehmen dürfe. An der Stelle, als Thisbe den toten Piramus findet, der sich erstochen hat, heißt es:

> „Denn als sie ihn findet tot liegen,
> Fällt sie in sein Schwert auch
> Und ersticht sich in ihren Bauch.
> Ihr dürft euch aber nicht entsetzen,
> Wenn Thisbe sich so wird verletzen,
> Sie ersticht sich nicht, es ist nur *Schimpf*."

Hier erkennen wir, daß das Wort *Schimpf* ursprünglich ein Synonym von *Scherz* oder *Spaß* war. Diese Bedeutung findet sich auch bei Friedrich von Logau – er lebte von 1604 bis 1655 –, und in der Formel *Schimpf und Ernst* begegnet sie uns im 18. Jahrhundert sogar noch bei Lessing, Wieland und Musäus.

Blendet man noch weiter zurück, so stellt man fest, daß ein *skimphāri* im 12. Jahrhundert ein ‚Possenreißer' oder ‚fahrender Schauspieler' war und daß die mittelhochdeutschen Wendungen *ze schimpfe hān* und *schimpf trīben* soviel wie ‚verspotten' bedeuteten. Der heutige Sinn (‚schelten' bzw. ‚schmähen') ist über die Zwischenstufe ‚Scherz mit verletzender Absicht', ‚Verhöhnung' entstanden.

„*Spitznamen*" und „*Lästerzungen*" à la Rabelais

Schimpf- und Spottnamen, Flüche und Verwünschungen waren seit eh und je verbreitet und spiegeln sich in literarischen Zeugnissen. Kleinbürgerliche Erregung und engstirnige Zensurbestimmungen der Neuzeit wirken manchmal lächerlich angesichts der oft recht derben Sprache des europäischen Mittelalters.

Nicht gerade zimperlich war der bedeutendste französische Dichter des späten Mittelalters, François Villon. Er lebte von 1431 bis nach 1463 (das genaue Todesjahr ist nicht ganz sicher), entstammte ärmlichsten Verhältnissen, wurde Mitglied einer Gaunerbande und benutzte deren Sprache, den *Argot*, in dem er – als eine Art Nachfahre der Vaganten des 12. und 13. Jahrhunderts – großartige Lieder und Balladen schrieb. Eine davon ist die „Ballade der Lästerzungen", die von Verwünschungen nur so strotzt.

Die deftige Sprache Villons wurde noch übertroffen. François Rabelais gilt mit seinen Satiren auf die Riesen „Pantagruel und Gargantua" – 1532 bzw. 1534 entstanden – als bedeutendste Figur der französischen Frührenaissance. Die phantasievollen Wortschöpfungen seiner Flüche, mit denen er Politik und Kirche überzog, sind einmalig in der französischen Literatur.

Das beeindruckte auch die Engländer: *Rabelaisianism* wird definiert als ‚derber Humor', und auf *Rabelaisian drinking parties* geht es kräftig zur Sache. *Gargantuan* ist alles, was bei Menschen ‚riesig' sein kann, einschließlich ihres Hungers, ihres Gelächters und ihrer Geldausgaben.

Daß man mit Sprache heftige Handlungen vollziehen kann, wird einem am Gebrauch von Schimpf- und Spottwörtern, aber auch an *Spitznamen* bewußt. Die Bezeichnung *Spitzname*, im Deutschen zuerst 1669 belegt, ist gebildet in Anlehnung an das Adjektiv *spitz* in der Bedeutung ‚scharf, treffend, verletzend'. Schon das mittelhochdeutsche Verb *spitzen* bedeutete u.a. ‚spitzig reden', und noch heute kennen wir ja die kleinen Spitzen politischer Kommentatoren.

Solche Spitzen liebte auch der britische Schriftsteller und Journalist William Hazlitt in seinen kritischen Essays (vor allem über das elisabethanische Zeitalter). Am 10. Januar 1818 schrieb er in einer politischen Abhandlung mit dem Titel "On court influence" über den Spitznamen, was er im September 1818 im "Edinburgh Magazine" in einem Essay – "On Nicknames" – noch einmal hervorhob: "A nickname is the heaviest stone that the devil can throw at a man." (‚Ein Spitzname ist der schwerste Stein, den der Teufel nach einem Menschen werfen kann.')

„enttabuisieren"

Was als Normverstoß gilt und mit einem Tabu belegt wird, das wurde und wird zu verschiedenen Zeiten unterschiedlich bewertet.

Zu Recht schreibt daher Christel Balle in ihrer 1990 erschienenen Untersuchung über „Tabus in der Sprache":

„Es wird immer Tabus geben. In jeder Gesellschaft haben sie ein anderes Gesicht, ein anderes Sprachgewand: Kleider machen Leute – Sprachkleider ebenfalls. So, wie sie *ent-hüllen*, *ver-hüllen* sie auch." (Ibid., S. 183)

Aus politischen Motiven kann es berechtigt sein, bestimmte Phänomene zu enthüllen, zu *enttabuisieren*. Das ist allerdings – wie der österreichische Schriftsteller Hans Weigel 1976 in seinem „Antiwörterbuch: Die Leiden der jungen Wörter" schrieb – „ein unseliges Wort für eine segensreiche Tätigkeit". Über die Ausdrücke *tabuisieren* und *enttabuisieren* sagte er:

„Ich bin in Verlegenheit, wenn ich beide Ausdrücke ins Deutsche übersetzen soll. Aber man muß ja nicht übersetzen. Man kann zum Beispiel sagen: Alles Sexuelle wird heute ungeniert beim Namen genannt. Oder: Der Bann, mit dem man Gespräche über finanzielle Fragen in gewissen Kreisen belegt hatte, ist längst gebrochen. Man kann sich auch das *isieren* schenken und sagen: In halbwegs kultivierten Staaten ist das Staatsoberhaupt tabu." (Ibid., S. 38)

"fuck"

Was für Flüche und Schimpfwörter gilt, trifft auch auf die Sexualsphäre zu: Im Dialekt, im Witz, im Kinderreim wird vieles ausgesprochen, was eigentlich als unaussprechbar gilt. Dieses Phänomen wurde von Peter Rühmkorf präzisiert.

Er hat uns 1967 in seiner amüsanten und geistvollen Schrift „Über das Volksvermögen" einen Exkurs in den literarischen Untergrund des Kinderreims vorgelegt, in dem er damals schrieb:

„Das offene Wort evozieren und es trotzdem vermeiden, ist eine Redeweise, die Brecht einmal als Sklavensprache bezeichnet hat. Wir wollen diesen Terminus ... gewiß nicht überdehnen, meinen aber, daß das frivole Spiel mit den bürgerlichen Anstandsregeln ohne den drükkenden Tabuzwang der Sittenverordnungen gar nicht denkbar wäre." (Ibid., S. 133)

Die *viktorianische Prüderie* hat im angelsächsischen Raum eine besondere Tradition; es bedurfte langwieriger juristischer Auseinandersetzungen mit höchstrichterlichen Entscheidungen, ehe berühmte literarische Werke dem Zugriff der Zensur entzogen waren. Es sei erinnert an die Romane "Ulysses" von James Joyce, an "Lady Chatterley" von D. H. Lawrence, an Henry Millers „Wendekreis des Krebses" und das zweieinhalb Jahrhunderte alte klassische Werk der erotischen Literatur, John Clelands "Fanny Hill or Memoirs of a Woman of Pleasure". Hans J. Schütz hat 1990 in seinem Buch „Verbotene Bücher" viele Ketzer, Querdenker und Tabubrecher in Erinnerung gerufen und eine spannende Zensur-Geschichte von Homer bis Henry Miller vorgelegt.

Auch die Wörterbuch-Verfasser hatten es im angelsächsischen Raum nicht leicht. Als der britische Lexikograph Eric Partridge im Jahre 1936 das Wort *fuck* in sein "Dictionary of Slang and Unconventional English" aufnahm, gab es Empörung bei Schulen, Bibliotheken und Polizei, obwohl – dies bitte ich zu beachten! – der Verfasser statt des Buchstabens ‚u' im Wort *fuck* ein Sternchen gesetzt hatte.

Noch in dem 1986 in New York veröffentlichten "New Dictionary of American Slang" unterschied der Herausgeber Robert L. Chapman durch eine gesonderte Kennzeichnung vulgäre Ausdrücke, die nur zu gebrauchen seien, wenn der Sprachbenutzer sich über ihre starke Wirkung im klaren sei, und Tabu-Wörter, die er nie verwenden dürfe. Dieses „Nie" ärgerte den Rezensenten Richard A. Spears; er schrieb in der Zeitschrift "American Speech" 1990: "Somebody must use such words or they would not exist!" (‚Irgendjemand muß doch solche Wörter gebrauchen, denn sonst gäbe es sie doch nicht!')

Einfacher war es da schon für Anthropologen und Ethnologen. Im Jahre 1968 feierte Gershon Legman einen großen Erfolg mit seinem in New York veröffentlichten "Rationale of the Dirty Joke" (dt. 1970 als ‚Der unanständige Witz'), einer einzigartigen Sammlung erotischen Volkshumors. Hier wurden erstmals mehr als zweitausend sogenannte unanständige Witze nach Themengruppen und Motiven geordnet und kommentiert.

In den USA befaßt sich sogar eine Fachzeitschrift mit Tabus, Euphemismen, Schimpfwörtern, Graffiti usw.: Sie trägt den Namen "Maledicta", der übersetzt bedeutet ‚die Schmähungen, die Verwünschungen, die Flüche'. Ihr Herausgeber, Reinhold Aman, glaubt jedoch, die Enttabuisierung der meisten Lebensbereiche sowie die sprachliche Ausdrucksarmut des Durchschnitts-Amerikaners, dessen Repertoire kaum mehr als zweitausend Wörter umfasse, führten zu einem Niedergang der amerikanischen Schimpfkultur und damit zu einem verstärkten Umsichgreifen von Gewalt. Er beobachtet sogar eine weltweite Entwicklung: von der physischen über die verbale Agression wieder zurück zur Keule.

Auch manche Briten nehmen die Tabuisierung der vermeintlich bösen *four-letter words* nicht mehr ganz so ernst. Eine britische Bausparkasse warb erst kürzlich in der englischen Sonntagszeitung "Observer" mit dem Slogan:

"Two four-letter words you thought you'd never hear your husband use: *Let's move.*" (‚Zwei four-letter words, von denen Sie nie angenommen haben, daß Ihr Mann sie gebrauchen würde: *Let's move.*')

Let's und *move* haben jeweils vier Buchstaben, sind aber darum noch keine *four-letter words*!

Kommen wir zu einem Fazit: Die Tabuisierung einzelner Wörter mag in bestimmten Situationen angebracht sein – sofern man berücksichtigt, was der Physiker und Schriftsteller Georg Christoph Lichtenberg schon vor 200 Jahren erkannt hat: „Man hofft zu viel von guten und fürchtet zu viel von schlechten Wörtern."

7

Reiberdatschi

Dialekte – „Atem der Seele"?

Eine Lübeckerin in Bayern

Eine Lübeckerin, die nach Bayern umgezogen ist, läßt sich über ihre dortige Köchin, mit der sie Verständigungsschwierigkeiten hat, in folgenden Worten aus:

„...wenn ich ‚Frikadellen' sage, so begreift sie es nicht, denn es heißt hier ‚Pflanzerl'; und wenn sie ‚Karfiol' sagt, so findet sich wohl nicht so leicht ein Christenmensch, der darauf verfällt, daß sie ‚Blumenkohl' meint, und wenn ich sage: ‚Bratkartoffeln', so schreit sie so lange ‚Wahs?', bis ich ‚Geröhste Kartoffeln' sage, denn so heißt es hier, und mit ‚Wahs?' meint sie ‚Wie beliebt?'. Und das ist nun schon die zweite, denn die erste Person, welche Kathi hieß, habe ich mir erlaubt, aus dem Hause zu schicken, weil sie immer gleich grob wurde; oder wenigstens schien es mir so, denn ich kann mich auch geirrt haben, wie ich nachträglich einsehe, denn man weiß hier nicht recht, ob die Leute eigentlich grob oder freundlich reden."

Diese für den vorgegebenen zeitlichen Bezugsrahmen wohl recht lebensechte Schilderung können Sie in Thomas Manns Roman „Die Buddenbrooks" nachlesen. Sie führt uns zu unserem nächsten Thema: dem Wesen und der Wirkung von Dialekten.

Das aus dem Griechischen stammende Wort *Dialekt* bezeichnete dort die regionaltypische Ausprägung einer Sprache in einer bestimmten Landschaft.

Der Sprachreformer Philip von Zesen (er lebte von 1619 bis 1689) hat den fremdsprachlichen Ausdruck eingedeutscht; seither existiert der Ausdruck *Mundart*, ist aber stets als künstliche Wortprägung empfunden und nie recht volkstümlich geworden. Immerhin hat Philip von Zesen den interessanten und wichtigen Aspekt hervorheben wollen, daß es sich um die gesprochene Variante der Sprache handelt – im Gegensatz zur geschriebenen, die er als *Schreibart* bezeichnete.

Es ist schwierig, umfassend und präzise zu definieren, was unter einem *Dialekt* zu verstehen ist. Josef Berlinger versuchte es 1983 in seinem Buch über „Das zeitgenössische deutsche Dialektgedicht":

> „Mundart ist stets eine der Schriftsprache vorangehende, auf den grammatischen Ebenen reduzierte, eher in der Unter- und unteren Mittelschicht der Gesellschaft anzutreffende, örtlich gebundene, auf mündliche Realisierung bedachte und vor allem die natürlichen, alltäglichen Lebensbereiche einbeziehende Redeweise, die nach eigenen, im Verlaufe der Geschichte durch nachbarmundartliche und hochsprachliche Einflüsse entwickelten Sprachnormen von einem großen heimatgebundenen Personenkreis in bestimmten Sprechsituationen gesprochen wird." (Ibid., S. 23 f.)

Man kann seit einigen Jahren beobachten, daß Europa einerseits politisch zusammenrückt, daß andererseits in vielen Ländern das Interesse an sprachgeographischen und dialektalen Entwicklungen auflebt.

Während gegen Ende des vorigen und zu Beginn des zwanzigsten Jahrhunderts die *Regionaldialekte* im Zentrum der dialektologischen Forschung standen, gilt heute – wohl auch aufgrund einer stärkeren Mobilität der Menschen – den *Stadtdialekten* zunehmend die Aufmerksamkeit. Dabei ist es vor allem die *Soziolinguistik*, die sich – stimuliert durch nordamerikanische Forscher wie William Labov – der im Unterschied zur überregionalen Standardsprache weniger normierten und häufig nur mündlich verwendeten Sprachvarietäten annimmt. Sie untersucht z.B. die Verbreitung und den Gebrauch der Dialekte in verschiedenen sozialen Schichten.

Die Lübeckerin, von der wir eingangs hörten, spricht davon, sie habe ihre erste Köchin aus dem Hause geschickt, weil sie immer gleich grob geworden sei, räumt dann aber selbstkritisch ein:

> „...wenigstens schien es mir so, denn ich kann mich auch geirrt haben, wie ich nachträglich einsehe, denn man weiß hier nicht recht, ob die Leute eigentlich grob oder freundlich reden."

Dies verdeutlicht uns zweierlei: Zum einen können sich innerhalb eines Sprachgebietes, in unserem Falle des Deutschen, teilweise recht erhebliche Verständnisschwierigkeiten zwischen den Sprechern verschiedener Dialekte ergeben; zum anderen können in die Bewertung fremder Dialekte auch manche Vorurteile eingehen.

Richard Thieberger gibt in seiner 1988 erschienenen „Stilkunde" aus einer anderen deutschen Region ein treffendes Beispiel für die *phonetische* Wirkung von Sprache:

„Setzen wir den Fall, einem Nicht-Alemannen werde von einer sonst sehr ansprechenden, aber mit Ach-Lauten operierenden Reisebekanntschaft in der Hitze des Gesprächs ein ‚Ich liebe dich' zugehaucht. Ach!, wie mag das auf ihn wirken?! Aus rein akustischen Beweggründen wird er wohl trotz aller Zierlichkeit der Dame zunächst etwas zurückprallen. Ist der also Angesprochene jedoch selbst Alemanne, so wird ihm das Liebesgelispel so ungetrübt angenehm ans Ohr klingen, wie es hoffentlich gemeint war. Die Diskrepanz zwischen Ausgangs- und Empfangsstilistik (‚Entropie' genannt) wird um so geringer sein, als sich die beiden Gesprächspartner nach Herkunft und Milieu näher stehen. In unserm Beispiel werden die beiden bei gleicher (alemannischer) Herkunft einmütig den velaren (hinteren) Reibelaut sprechen, da ihnen der palatale (vordere) weder in den Sinn noch in den Mund kommt. Er würde auf sie fremd und damit befremdend wirken." (Ibid., S. 52)

Fremdheit und zugleich nostalgischer Reiz der Dialekte manifestieren sich in unterschiedlichen Redewendungen, unterschiedlicher Satzintonation, unterschiedlicher Lautgestaltung einzelner Vokale und Konsonanten, doch manchmal auch in unterschiedlichen syntaktischen, morphologischen und semantischen Gebrauchsweisen.

Dabei erscheint einem – wie in vielen Bereichen des Lebens – das Eigene, Vertraute, oft als angenehm und wohlklingend, das Fremde zuweilen als häßlich oder grob (wie in Thomas Manns Beispiel) – zuweilen auch als lächerlich oder komisch. Heutzutage würde natürlich kein Norddeutscher mehr bei einer Nachfrage im Dialog „Wie beliebt?" sagen, sondern eher „Wie bitte?" oder „Was?", doch das gedehnte „Wahs?" mit entsprechender Vokalfärbung reicht aus, den Sprecher als südlich des Mains gebürtig zu identifizieren.

„Jede Provinz liebt ihren Dialekt: denn er ist doch eigentlich das Element, in welchem die Seele ihren Atem schöpft", diesen Satz schrieb Goethe im ersten Band von „Dichtung und Wahrheit". Wer schöne Beispiele für diesen Satz sucht, dem seien zwei Bücher empfohlen: die in Darmstädter Mundart 1841 gedichtete „genialste Lokalposse Deutschlands", der „Datterich" von Ernst Elias Niebergall, sowie das kleine Sammelbändchen, das Walter Sauer 1993 in Husum herausgegeben hat: „Die Weihnachtsgeschichte in deutschen Dialekten". Besonders auffällig sind natürlich einzelne Bezeichnungen, durch die sich Dialekte voneinander unterscheiden. Statt *Frikadellen* heißt es in Bayern, wie wir hörten, *Pflanzerl*, statt *Blumenkohl* heißt es *Karfiol*, statt *Bratkartoffeln*: geröstete (genauer: *geröhste*) *Kartoffeln*. Gerade der Wortschatz der täglichen Umgangssprache, auch darauf deutet unser Beispiel, enthält eine Vielzahl regionaler Varianten.

Wir kennen die Unterschiede bei den Bezeichnungen von Wochentagen, bei Grußformeln, bei vielen Dingen des Alltags, besonders, wenn sie mit dem leiblichen Wohl zu tun haben: *Sonnabend* oder *Samstag*, *Guten Tag! Moin!* oder *Grüß Gott!*, *Brötchen*, *Semmel* oder *Wecken*, *Alsterwasser* oder *Radler*, *Kartoffelpfannkuchen* oder *Reiberdatschi*, *Endiviensalat* oder *Andifi*, *Bierfaß* oder *Banzn*, *Bierschaum* oder *Foam*, *Sauerteig* oder *Loawidoag*, *Schmorbraten* oder *Bifflamott* bzw. *Böfflamod* (= Boeuf à la mode), *Mehlschwitze* oder *Einbrenne*, *Gänseklein* oder *Gansjung*, *Rotkohl* oder *Blaukraut*, *Mädel*, *Mädchen* oder gar *Dirndl*, *Apfelsine* oder *Orange*, *Schornstein*, *Kamin* oder *Schlot*, *Ziege* oder *Geiß*, *Metzger*, *Fleischer* oder *Schlachter*.

„Metzger", „Fleischer" oder „Schlachter"?

Bei den drei letztgenannten (landschaftlich bedingten) Synonymen, bei *Metzger*, *Fleischer* oder *Schlachter*, handelt es sich eigentlich nur um Beinahe-Synonyme. Der semantische Gehalt der einzelnen Wörter deckt bzw. deckte sich nämlich keineswegs vollständig. Es wird nämlich jedesmal ein anderes Merkmal der Tätigkeit des betreffenden Gewerbetreibenden akzentuiert.

Die schon im *Althochdeutschen* als *slahtāri/slahteri*, im *Mittelhochdeutschen* als *slahtære* belegte, heute in Norddeutschland zumeist als *Schlachter*, seltener als *Schlächter* gebräuchliche Berufsbezeichnung deutet wegen ihrer Zugehörigkeit zum Verb *schlachten* auf das ‚fachmännische Töten des zur Ernährung bestimmten Viehs‘. Anders ist es in West- und Süddeutschland, in der Schweiz und im westlichen Teil Österreichs: dort sagt man *Metzger*. Das mittelhochdeutsche *metzjære/metzjer*, später *metziger* und frühneuhochdeutsch *metzger*, geht vielleicht auf das mittellateinische *ma(t)tiārius* zurück, hängt also mit dem lateinischen Wort *mattea/mat(t)ia* und dem *griechischen mattýē*, ‚leckeres Gericht aus gehacktem Fleisch, Geflügel und aromatischen Kräutern‘, zusammen, bedeutet also: ‚Wurstmacher‘.

Aber es gibt noch andere Ausdrücke. So ist z.B. im Mittelrheinischen in der Bedeutung ‚Schlachter‘ das Wort *Metzler* gebräuchlich; es hat sich aus dem frühneuhochdeutschen Wort *metzel(e)n* für ‚Vieh schlachten‘ entwickelt, das aus dem mittellateinischen *macellare*, einer Bildung zu lateinisch *macellum*, ‚Marktplatz, Fleisch-, Gemüsemarkt, Fleisch‘, entlehnt ist. Die ostdeutsche Variante *Fleischer* bezeichnet eigentlich den *Fleischwarenhändler*.

Auch das nördliche Bayern unterscheidet zwischen dem *Fleischer*, also dem ‚Fleisch(waren)händler‘, und dem *Metzger*, dem ‚geprüften Meister‘. Im südöstlichen deutschen Sprachgebiet (speziell in den südlichen Regionen Österreichs) weisen die Bezeichnungen *Fleischhauer* und *Fleischhacker* auf das Schlachten der Tiere und das Zerlegen des Fleisches hin.

Es gibt also spezifische Bedeutungsschattierungen regionaler Varianten. Dennoch führen die nivellierenden Einflüsse von Schulen und Massenmedien, verbunden mit der zunehmenden Mobilität der Bevölkerung im deutschen Sprachgebiet, zu einem stärkeren Vordringen standarddeutscher Formen zu Lasten mancher regionaler Varianten.

„Koiné diálektos"

Das Bairische – vornehmlich in seiner mittelbairischen Ausprägung – wird häufig als *der* Dialekt des deutschen Sprachgebiets hervorgehoben.

Das ist nicht ganz unberechtigt, aufgrund besonders markant vom Standarddeutschen abweichender Merkmale, vor allem aber wegen seiner Verbreitung. Denn auch die meisten Mundarten Österreichs können, trotz aller Unterschiede, dem Bairischen zugeordnet werden.

Das will natürlich kein Bayer – vor allem kein Münchener – hören, das will auch kein Österreicher – vor allem kein Wiener – hören. Da hat man seit eh und je seine Vorbehalte und seine Vorurteile – und daß die nicht auf sprachliche Gegebenheiten beschränkt sind, verdeutlichte der singende Kabarettist Armin Berg bereits im Jahre 1930 mit seinem berühmten Lied: „Was brauchen die Menschen, um glücklich zu sein..."

Was braucht denn der Wiener, um glücklich zu sein?
Nur Ruhe, denn Ruhe ist schön.
Drum steht er schon auf so um dreiviertel neun
und ißt dann sein Frühstück um zehn.
Dann geht er spazieren zwei Stunden vor'm Schmaus,
und dann geht er essen, und dann ruht er aus -
und sitzt im Caféhaus von drei Uhr bis neun -
denn das braucht der Wiener um glücklich zu sein.

Was braucht denn der Münchner, um glücklich zu sein?
Er schwärmt nicht für Literatur,
er geht auch nicht gern ins Theater hinein,
und wenn schon, auf Freikarten nur.
Der Shakespeare, der Schiller, die sind für die Katz,
vom Goethe kennt er nur 'nen einzigen Satz,
und der kommt im „Götz" vor,
der Satz, den ich mein',
denn den braucht der Münchner, um glücklich zu sein.

Wir müssen freilich einräumen, daß auch das Bairische in mannigfaltigen Erscheinungsformen auftritt; doch auf Kosten der Ortsmundarten hat sich eine bestimmte *Koine* herausgearbeitet. Was versteht man darunter? Nach der sogenannten *koiné diálektos*, der griechischen Umgangssprache der hellenistischen Zeit – sie reichte vom Jahre 323 bis zum Jahre 27 v. Chr. – verwendet man den Ausdruck *Koine* für die ‚allgemeine Umgangssprache‘.

Was ich pauschal als *das Bairische* bezeichnet habe, ist wesentlich von der Münchener Variante des Dialekts bestimmt, die in der Millionenstadt den Einheimischen auch zur Abgrenzung dient – von *den Zugereisten*, Verzeihung: *den Zuograsten*, den *Preißn*, noch genauer: den *Breißn*. „Wann is ma boarisch“ – so fragte Franz Ringeis 1994 im „Bayerischen Gästekalender“, der vom „Bayerischen Hotel- und Gaststättenverband“ herausgegeben wird. Hier seine Antwort:

Man muaß net boarisch ozogn sei,
damit ma boarisch is,
Und is ma boarisch ozong, mei
dann iss erst recht net gwiß.

Man muaß net ogebn: Mir san mir!
Dees kunnt a jeder sogn.
Aa anderswo gibts a guats Bier
und Schmankerl gnua fürn Mogn.

Mir braucha koan Parademarsch,
aa wenn ma n ganz gern hörn.
Und bloß weils d sogst: Leck mi am Arsch!
konnst no koa Bayer wern.

Und soi i s song, woaß i koan Rat,
i konns net definiern:
A Lacharer laut, a Bussl staad.
Ois andere muaßt gspürn.

Doch was das Sprachverhalten „des“ Bayern betrifft – man kann es nicht treffender beschreiben als ein gewisser R. W. B. McCormack, dem zweifelsfrei bekannt ist, daß die Wirklichkeit oft komischer ist als die beste Parodie. Der Autor schreibt in seiner „Ethnographie: Tief in Bayern“: „Die Bayern halten zäh, wenn auch oft unbewußt, an ihrer Mundart fest.“

Lehrer: Was ist das für ein Tier?
Schüler: Des i a Goaß.
Lehrer: Es heißt nicht Goaß, es hoaßt Geiß.

Einer unserer lebendigsten Informanten teilte uns in durchaus charakteristischer Manier mit: ‚Wenn man sich einmal an das hochdeutsche Sprechen gewöhnt hat, kriagt mas ums Verrecka nimma ausm Mäu.'" (Ibid., S. 63)

„Schietkerl"

Für den Fall, daß Sie mehr über das Bairische wissen möchten, empfehle ich Ihnen die Lektüre der 1990 in 4. Auflage erschienenen „Bairischen Grammatik" von Ludwig Merkle und des 1973 in München veröffentlichten „Bayrisch-österreichischen Schimpfwörterbuchs". Letzteres ist zugleich eine Einführung in die *Maledictologie*, die Schimpfwortforschung, und stammt von Reinhold Aman, dem Herausgeber der von mir bereits genannten Zeitschrift "Maledicta. The International Journal of Verbal Aggression".

Allein für den bairisch-österreichischen Sprachbereich wird nämlich die Zahl der Schimpfwörter auf über 30.000 geschätzt. Daß die Zahl der Schimpfwörter im niederdeutschen Bereich ähnlich groß ist, schätzt auch Theo Schuster, der 1991 in Leer ein „Plattdeutsches Schimpfwörterbuch für Ostfriesen und andere Niederdeutsche" herausgegeben hat. Es will Plattdeutschen und Hochdeutschen einen Einblick in die Vielfalt plattdeutscher Schimpf- und Scheltwörter geben und wird jeden Leser zum Schmunzeln bringen. Daneben erfahren wir in gesonderten Kapiteln, daß das Plattdeutsche unendlich reich ist an Sprichwörtern und vergleichenden Redewendungen über menschliche Eigenarten und Schwächen. Sie beziehen sich z.B. auf das Trinken, die Trunkenheit und mindere Geistesgaben.

Ein *Blubberkopp* kann ein jähzorniger Mensch sein, der immer gleich lospoltert, aber auch ein Trinker; als *Swiemel* bezeichnet man einen ‚Nachtschwärmer' oder einen ‚Trunkenbold'. Über ihn kann es heißen: *He hett alltiet 'n dröögen Lever* (‚er hat immer eine trockene Leber') oder *Der suppt as 'n*

Ülk – was soviel bedeutet wie: ‚der trinkt wie ein Iltis, der Eier aussäuft'.

Ja, und wenn jemand dann nicht mehr ganz beieinander ist, heißt es über ihn oft *He is man wat töffelig* oder *Sien Brägen sünd hüm dröög worden* (‚ihm ist sein Verstand eingetrocknet'). Will man ihn direkt beschimpfen, so nennt man ihn einen *Schietkerl* oder *Höhnermors* – diese Ausdrücke brauche ich wohl nicht zu übersetzen.

Schuster kritisiert die weitverbreitete Meinung, plattdeutsche Schimpfwörter seien weniger grob und wirkten selten oder gar überhaupt nicht beleidigend:

„Diese Einschätzung konnte wohl nur deshalb entstehen, weil allenthalben der selbstverständliche Gebrauch der Mundart im täglichen Umgang zurückgeht. Mangelnde Vertrautheit mit der Eigenheit der regionalen Sprache führt dazu, plattdeutsche Schimpfwörter als etwas fast exotisch Sonderbares zu empfinden oder eben als weniger grob und verletzend. Ich halte es für wenig sinnvoll, dem niederdeutschen Schimpfen eine derartig besondere Eigenart beizulegen. Sie sind grundsätzlich den hochdeutschen an die Seite zu stellen und haben den gleichen Stellenwert wie diese." (Ibid., S. 11f.)

Dieser Bewertung können wir zustimmen. Daß der Gebrauch der Mundart im täglichen Umgang zurückgeht, gilt sicher für das Plattdeutsche, aber keineswegs für alle deutschsprachigen Gegenden.

„Schwyzertüütsch"

Doch jetzt wird es Zeit, unsere bajuwarischen Freunde endgültig zu verlassen, um uns weiter in den Süden vorzuwagen. Wie steht es mit dem Verhältnis zwischen Standardsprache und Mundarten in der deutschsprachigen Schweiz? Im „Jahrbuch 1989 des Instituts für deutsche Sprache" gibt Robert Schläpfer dazu eine Einschätzung:

„In einer Darstellung des Verhältnisses zwischen Mundart und Standardsprache in der deutschen Schweiz ist auszugehen vom Tatbestand, daß die Mundart in der deutschen Schweiz die täglich gesprochene Sprache ist, die täglich gesprochene Sprache aller sozialen Schichten in allen Alltagssituationen. So reden die Lehrkräfte außerhalb des eigentlichen Unterrichts mit Schülerinnen und Schülern und unter sich, Professoren mit Studierenden und unter sich, Vorgesetzte und Untergebene in Wirtschaft und Industrie nur Mundart miteinander. In der Familie spricht man ausschließlich Mundart miteinander. Das alles gilt ohne Unterschied für die ganze deutsche Schweiz." (Ibid., S. 192).

Das *Schwyzertüütsch* muß man fast wie eine Fremdsprache erlernen – z.B. mit Hilfe Arthur Baurs „Praktischer Sprachlehre des Schweizerdeutschen", denn es ist für einen Fremden schwer zu verstehen. Wohl auch deshalb wurde Anfang 1991 der TATORT-Krimi „Kameraden" im Fernsehen zweikanalig ausgestrahlt: auf hochdeutsch und auf *schweizerdeutsch* – auf *schwyzertüütsch*.

Ganz präzise müßte man zumindest auch noch zwischen den Hauptvarianten, dem *Berndeutschen* und dem *Zürichdeutschen*, unterscheiden. Ich gebe Ihnen eine Probe des *Züritüütsch*, und zwar die von Fredy Lienhard besorgte Übersetzung eines aus Norddeutschland stammenden Werkes. Sein Dichter lebte in Wiedensahl bei Hannover. Und ich bin sicher, daß fast jeder von Ihnen mit seinen Geschichten vertraut ist:

D Yleitig

Nei, was ghört me-n au für Gschichte
Vo de böse Buebe bbrichte!
Au vom Max un Moritz da
Häd me nüd vill Guets vernaa.
Statt das s gfolget händ und glehrt
Und sich zrechter Zyt bikerht,
Häns nu über alles glachet,
Wies die böse Buebe mached.
Gschände, ja, das händ die chöne,
Nu nüd sich as Rechttue gwöne,
D Lüüt vertäube, d Tierli quäle,
Öpfel, Bire, Zwätschge stähle:
Das häd dene besser gfalle -
Wie de böse Buebe-n alle -
Als stillsitze-n uf em Stuel
I der Chile, I der Schuel.
Aber ebe, wies dänn gahd:

Wänns ein röit, so isch es zspat.
Wäme nüüd als stilt und gschändt,
Nimmts emal e böses End.
Drum isch i dem Buech da bschribe,
Was die bbosget händ und tribe.

Hinsichtlich der allgemeinen Verbreitung unterscheiden sich also das *Bairische*, vor allem aber des *Schweizerdeutsche*, das die Funktion einer gesprochenen Nationalsprache hat, erheblich vom *Plattdeutschen*, das (wie Theo Schuster richtig bemerkte) im täglichen Umgang erheblich zurückgegangen ist.

„*Missingsch*"

Nachdem wir Wilhelm Busch verfremdet auf schwyzertüütsch kennengelernt haben, möchte ich zum Abschluß dieses Kapitels ein wenig Hamburger Lokalkolorit einbringen.

Dazu eignet sich eine Geschichte Dirks Paulus, des prominentesten Dichters des *Missingsch*, jener Hamburger Stadtmundart, die neben der *hochdeutschen Standardsprache*, der *Geest-Mundart* und der *Marsch-Mundart* als vierte und recht verbreitete Variante in Hamburg gesprochen wird. Ihr Name erklärt sich übrigens wie folgt:

Missingsch bedeutete ursprünglich *Meißnisch*, also so wie man in der Stadt *Meißen* sprach. Das niederdeutsche /mīznš/ wurde dann volksetymologisch mit *messingisch* gleichgesetzt. Und in der Tat ist es ja eine *Mischung* aus Hoch- und plattdeutschen Elementen, die man natürlich nur bei jemandem heraushört, der *schöön doitlich spricht*:

Schöön doitlich

„Muß ümme schöön doitlich sprech'n!"
saach ich ssu mein Tochte
un soll besonnerst auf acht'n,
dassi nix veschluck-t!
Schonn as Kind habbich angefang
un mach i-e das ümme wiede voha,
oppas fürleichts schöön is,

wenn sich die Göhrn „Idaoht" nenn?
„Idi-oht" heißas un soll sie sahng,
un „Zella-lo-iht" un „Ewentu-ell",
Un wall sie das nu mit'n Kinnerschuhn
eingesohng hat,
hats denn je auch angschlahng bei kleim,
un hat sich zeitlehms ümma gefleecht ausgedrück.
Mach denn je auch 'n gute Pattieh
mit 'n fein Büromensch'n.
Un wie sie 'n Kind kriehng,
nenn sie as eimfach un vornehm „Marion".
Wohn nu abe inne schlechte Geeg'ngk,
wo die Leute nich gefleecht sprech'n.
Da saacht'n alle ssu den Kind „Mahdschonn".
Ischa nu schade um sonn schöön Nahm!
Un konnt sie as nich lange ab,
sonnern mußte Besüche mach'n bei e Nachbaan
un ihn'n auf diplomadische Weise beipuhln,
daß as nich „Mahdschonn" heiß sonnern „Mari-ohn".
Nachbaan waan laute nette Loite
un wollt'n mein Tochte gern gefällich sein.
Bracht'n as ihre Kinne bei
dassi nich „Mahdschonn" schrein solln,
sonnern „Mahrijon".
Un wenn Vati das noch eimah höhrt,
dassi „Mahdschonn" sahng,
wird a furchbah ärgelich
un sie soll'n welche hintenvoor kriehng!
Da nehm sich die Göhrn denn ssusamm.
Un von dem an rufen sie bloß noch:
„Mari-dschonn! Mari-dschonn!"
„Bleib nix übrich", saach mein Tochte,
„Müss'n umziehn inne bessere Geeg'ngk!"

8

Tacheles reden

Jid(d)isch und Yinglish

Nicht nur einzelne Bedeutungen bestimmter Wörter können verschwinden und wieder auftauchen. Es gibt auch eine Reihe von Wörtern im Deutschen, die einer Aufhellung bedürfen, weil man ihnen ihre Herkunft aus einer bestimmten Sprache nicht mehr ansieht. Aus dieser Sprache übernommene Ausdrücke werden von jungen Leuten kaum noch verstanden, geschweige denn gebraucht; ich meine eine Sprache, der wir viel verdanken. Sie vereinigt viele Elemente des Mittelhochdeutschen, slawischer Sprachen sowie des Aramäischen und Hebräischen in sich – die ji(d)dische Sprache, die *Ji(d)disch Loschn.*

Die Musikgruppe „Espe" aus dem Saarland, eines der bekanntesten Ensembles, das sich mit jiddischer Liedkultur auseinandersetzt, erarbeitete vor einigen Jahren unter dem Titel „Jankele" eine Revue, die das Leben der Ostjuden in den letzten 100 Jahren darstellt: Darin wird in einem Lied die *Ji(d)disch Loschn* besungen; es lautet in deutscher Übersetzung:

> Die jiddische Sprache ist unsere Sprache,
> sie bleibt mir teuer.
> Singt, Kinder, singt mit Leidenschaft,
> ihr geliebten Kinder.
> Neue Zeiten werden kommen,
> neue Lieder wird man hören,
> neue Qualen werden wir erleben.
> Aber das Jiddische soll uns immer heilig bleiben,
> unsere Muttersprache.
> Singt alle, singt lauter!
> Jiddisch – es ist doch eine Freude.

Singt, Kinder, es klingt wie ein Wunder –
das neue jiddische Lied.

Die jiddische Sprache
ist eine liebe Sprache,
sie ist mir teuer.
Singt das Liedchen, liebe Kinder,
singt es mit Inbrunst,
singt es mit Feuer.

Ich bin doch nicht „meschugge"!

Es gibt zahllose jiddische Sprachelemente im Deutschen, die heute bei vielen in Vergessenheit geraten sind: Mir ist aus meinen Kinderjahren der Satz *Ich bin doch nicht meschugge!* völlig geläufig. Heute hört man ihn nur noch selten. Das Wort *meschugge* ist jiddisch und heißt so viel wie ‚verrückt‘. Es taucht in vielen jiddischen Liedern auf.

Eines der lustigsten trägt den Titel „Der Tate ist gewurd'n meschugge", was soviel heißt wie ‚Der Vater hat nicht mehr alle Tassen im Schrank‘: Er marschiert nämlich bei Friedensdemonstrationen mit, ruft „Shalom" (also ‚Frieden‘) und meint es sogar ernst. Das Lied wurde in Europa bekannt durch die 1986 verstorbene Sängerin Jossy Halland. Text und Musik stammten von ihrem Ehemann, dem Komponisten, Conferencier und Pianisten Jacques Halland. Die Hallands betrieben bis zur Schließung im Jahre 1982 das „Li-La-Lo", das letzte jiddische Musik-Kabararett in Westeuropa. Es befand sich in der Amsterdamer De Clerq Straat 109. Hier war Jossy Star des allabendlichen Programms, nicht zuletzt mit dem Titel: „Der Tate is gewurd'n meschugge . . ."

Erstaunlich ist, daß das Wort *meshugge* auch im amerikanischen Kontext Verwendung findet. Die "Mazeltones", eine Musikgruppe aus Seattle in Washington, die sich auf eine besonders witzige Vortragsweise spezialisiert hat, kokettiert in einem ihrer Lieder in einem Wortspiel mit dem jiddischen Wort *meshugge* im Sinne von ‚verrückt‘ bzw. ‘crazy’ und dem (ähnlich ausgesprochenen) englischen Wort *sugar* im Sinne von

,Liebling': "I am meshugge for my sugar, and my sugar is meshugge for me . . ."

„*Massel*" gehabt

Der Name dieser Musikgruppe führt mich zu einem weiteren Beispiel für eine Übernahme aus dem Jiddischen ins Deutsche: es ist das Wort *Massel*. Das jiddische *mazzel* in der Bedeutung ,Glücksstern, Schicksal' kommt aus dem gleichbedeutenden hebräischen *mazzal*. Ich kann mich noch daran erinnern, daß ich nach dem 2. Weltkrieg in Hamburg von meinen Schulkameraden, wenn ich einmal irgendeiner schwierigen Situation entronnen war, also Glück gehabt hatte, die Worte hörte: „Hast Du aber einen Massel gehabt." Heute habe ich den Eindruck, daß meine jüngeren Studenten zwar noch wissen, daß sie möglichst nicht in *einen* (in Österreich sagt man: in *ein*) *Schlamassel*, also ein Unglück, geraten dürfen, aber das Wort *Massel* ist ihnen kaum noch geläufig, zumal es auch der Duden nur noch der „Gaunersprache" zurechnet. Das „Herkunftswörterbuch der deutschen Sprache", das ebenfalls im DUDEN-Verlag herausgegeben wird, gewährt *Massel* keinen eigenen Eintrag; unter *Schlamassel* findet sich aber der Hinweis auf das ursprüngliche ji(d)dische *schlimasel* mit der Erklärung:

„In dem aus der Gaunersprache in die allgemeine Umgangssprache gelangten Substantiv haben sich zwei Wörter miteinander vermischt, das deutsche Adjektiv *schlimm* und das jiddische *massel*." (S. 634)

Das Glück wird im Jiddischen oft besungen. „Mazzel en bróche voor de hele mischpóche" (,Glück und Segen für die ganze Familie') heißt beispielsweise ein Lied von Jacques Halland, das vor einigen Jahren die niederländische Gruppe „Galle" sang; ein Sänger der Gruppe, Onno van Dijk, wurde bekannt durch das wehmütige Lied mit dem Titel „Mazzel": „Das Glück ist zu anderen gekommen," so heißt es, „warum meidet es mich? Wird es je zu mir so wie zu den anderen kommen und auch mir ein wenig Freude bringen?"

Einen „guten Rutsch"!

Es gibt zahllose Wörter, die wir täglich benutzen, ohne uns der jiddischen Herkunft bewußt zu sein. Wenn wir jemandem zum Neuen Jahr einen *guten Rutsch* wünschen, ist den meisten von uns nicht geläufig, daß das hebräische Wort „rosch" mit der Bedeutung ,Anfang/Kopf' – leicht verfremdet – ins Deutsche übernommen worden ist. Während sich Juden in Deutschland am Neujahrsabend einen guten „Rosch" wünschten, wurde bei uns ein „guter Rutsch" daraus! Besonders im 15. Jahrhundert sind solche ursprünglich hebräischen Wörter auf vielen Umwegen ins Neuhochdeutsche gelangt. Heike Schmoll schrieb dazu im Dezember 1993 in der „Frankfurter Allgemeinen Zeitung":

„Die Sprache deutsch-jüdischer Viehhändler und später auch das mit hebräischen Wörtern durchsetzte Rotwelsch deutscher Gaukler, die auf Landstraßen und in Herbergen hebräische Ausdrücke von jüdischen Warenhändlern aufschnappten, sorgten dafür, daß das semitische Sprachgut vor allem in die Umgangssprache einging. *Moos* und *Kies* als Ausdrücke für ,Geld' sind auf das hebräische *moes* für ,Kleingeld' und *kiss* für ,Tasche' oder ,Geldsack' zurückzuführen. Auch der Ausdruck *Hals- und Beinbruch* ist nicht wörtlich zu nehmen. Eigentlich heißt der Wunsch *harzloche und broche*, also ,Glück und Segen'. Der *blaue Dunst*, *blau sein* oder *blaumachen* hat vermutlich nichts mit der Farbe zu tun. Gelegentlich wird die Wendung daraus abgeleitet, daß früher Handwerker, die einen freien Tag hatten und sich dabei betranken, blaue Festgewänder trugen. Wahrscheinlicher aber ist, daß sie auf die intensive hebräische Negation *b'lau* zurückgeht."

Die Liste von jiddischen Wörtern (zumeist hebräischen Ursprungs) im Deutschen ließe sich erheblich verlängern: *Ganove, schäkern, Tacheles reden, dibbern, betucht, keß, Kies* im Sinne von ,Geld', *Kluft* im Sinne von ,Kleidung', *Kohl* im Sinne von ,Unsinn', *Schmu, Schmus, schofel, Stuß, Pleite* und auch *mies*, ein Wort, von dem es wohl die wenigsten erwartet hätten. Die holländische Sängerin Lin Jaldati wurde bekannt durch dieses Lied, das von einem Leierkastenmann aus Warschau stammt:

SCHWARZE KERSCHELECH REIJST MAN,
– Schwarze Kirschen pflückt man –
GRINE LEST MAN SCHTEJN,
– grüne läßt man stehn –
SCHEJNE MEJDELECH NEMT MAN,
– schöne Mädchen nimmt man –
MISE LEST MAN GEJN.
– miese läßt man geh'n. –

Vom „Jiddisch" zum „Yinglish"

Wie steht es heute mit dem Jiddischen? In Deutschland ist es mit seinen Sprechern durch die Verbrechen der Nationalsozialisten fast völlig untergegangen. Ronald Lötzsch, Autor eines 1990 in Leipzig erschienenen jiddischen Wörterbuchs, beurteilt die Zukunft dieser Sprache pessimistisch:

> „Da seine Sprecher heute überall zweisprachige Minderheiten bilden, die zerstreut unter größeren Sprachgemeinschaften leben ... – ein Ballungszentrum wie New York stellt eine Ausnahme dar –, ist das Jiddische überall der Gefahr ausgesetzt, von einer Mehrheitssprache verdrängt zu werden."
>
> („Jiddisches Wörterbuch", S. 17)

Etwas positiver klingen die Worte von Hans-Gert Kramer und Günter Linde in deren 1993 erschienenem Buch („Sprachen die Neandertaler Englisch?"):

> „Sicherlich wird Jiddisch nicht mehr das werden, was es einmal war. Aber verschwinden wird das in Jahrhunderten gewachsene ‚Kauderwelsch' nicht. In Israel erscheinen für Hinzugewanderte Zeitungen in jiddischer Sprache. Und an den vier Universitäten des Landes hat man Lehrstühle für diese Sprache eingerichtet – nicht nur um der Wissenschaft willen." (Ibid., S. 50)

Ich habe bereits auf das Verdienst der saarländischen Musikgruppe „Espe" hingewiesen, jiddisches Sprach- und Liedgut zu pflegen. In ihrer Revue „Jankele" findet sich auch der Song „Di Lewone gejt ojf iberm New Yorker Schtetl" – zu deutsch: ‚Der Mond geht überm New Yorker Schtetl auf'. Gabi Heleen

117

Bollinger hat ihn zur Melodie von Hermann Wohl geschrieben und so charakterisiert:

„Der Song ist ein Symbol für die Bereitschaft der jüdischen Immigranten, sich in Amerika anzupassen, viel Neues der amerikanischen Kultur in sich aufzunehmen, aber die jiddische Identität zu bewahren. Das Zusammentreffen der alten jiddischen Kultur mit musikalischen und sprachlichen Amerikanismen schafft eine Symbiose, die viel Witz und Ironie hervorbringt."

Ich möchte Ihnen vier Strophen dieses Songs vorstellen – im amerikanischen Jiddisch, mit der sich jeweils anschließenden deutschen Übersetzung:

Gathering round di Mischpoche
fargest di New Yorker Maloche.
Barches, Strasny, Goldene Jojch
senen ojf'n Tisch,
Schpilt, Klesmorim!
Trinkt a Wiskij;
s'ken sajn Jidisch,
's ken sajn Dixij.
Tanzt un lacht un swingt
un trinkt un singt,
farrsojmt kejn Ojgenblik.

Kommt alle zusammen, die ganze Familie,
vergeßt die harte Arbeit in New York.
Hefezopf, Schnitzel, goldene Brühe
stehen schon auf dem Tisch.
Spielt, ihr Musikanten!
Trinkt einen Whisky.
Die Musik kann jiddisch klingen
sie kann auch ein Dixie sein.
Tanzt, lacht, trinkt, singt
und swingt –
versäumt keinen Augenblick.

Red mit mir emfatisch,
ober nischt sentimentalisch.
In majn Sikrun is a Melodij
wos flit wajt ibern Jam.
Of course, ich bin ot gliklech.
Seh, di Bobbe brengt di Lekach.

Ich schmeck a Tablin,
Ich her a Nigun,
majn Sejchl is ojt of run.

Unterhalte dich mit mir emphatisch,
aber bloß nicht sentimental werden.
In meiner Erinnerung ist eine Melodie,
die trägt mich weit übers Meer.
Natürlich bin ich hier glücklich.
Schau, die Großmutter bringt das Gebäck.
Ich rieche ein Gewürz,
ich höre eine Melodie,
mein Verstand setzt aus.

A Jontev in Amerike
is wi kojfn un a Gelt.
In Amerike, dem goldenen land
bistu a ojscher glich . . .
In Amerike, es kumt der Tog,
un a Jid wet sajn der President!
This land is our land!
Ober nischt dem Jidn's Land!

Ein jüdischer Feiertag in Amerika
ist wie Einkaufen ohne Geld.
In Amerika, dem goldenen Land,
wirst du schnell zu einem reichen Mann.
In Amerika kommt der Tag -
und ein Jude wird Präsident!
This land is our land!
Aber doch nicht das Land der Juden!

Di Lewone gejt schojn ojf im New Yorker Schtetl,
Schabbes Licht, un Mames Sifz
im New Yorker Schtetl.
Oj, Briderlech, Isrolik lebt.
Ani smecha, oj Jidischland is grejt
Bórechhaschém, zu gejn fun dor zu dor.
Chawerim, mir senen hajnt noch do –
mir sogn »Schalom« un »How do you do?«
Bórech Haschém,
es schlogt di naje scho.

Der Mond geht überm New Yorker Schtetl auf
Schabbathkerzen, Mutters Seufzer,
all das im New Yorker Schtetl.
Brüder, Isrolik lebt noch!
Ich freue mich,
Jiddischland ist im Begriff,
doch noch von Generation zu
Generation zu gehen.
Freunde, es gibt uns heute noch.
Wir sagen „Schalom" und "How do you do?".
Mit Gottes Hilfe,
es schlägt die neue Stunde.

"Gathering round di mischpoche; of course, ich bin ot glick-
lech; majn sejchl is ojt of run" – für solche Mischformen, die
man in Amerika hört, prägte die "New York Times" 1967 den
Ausdruck *Yidlish*.

Dagegen wandte sich Lillian Mermin Feinsilver 1971 in ihrem Buch "The Taste of Yiddish". Sie forderte die Bezeichnung *Engdish* für 'Yiddish with interpolating English', also für
Jiddisch, das mit englischen Elementen durchsetzt ist. Später
schlug sie dafür die Bezeichnung *Engliddish* vor. Der bekannte
Autor Leo Rosten, der Mrs. Feinsilver viel verdankt, obwohl
er sie nie zitiert, sprach in seinem Buch "The Joys of Yiddish"
von *Ameriddish*.

Sol Steinmetz gibt in seinem Buch "Yiddish and English"
ein gutes Beispiel für jiddisch deklinierte und konjugierte Ent-
lehnungen aus dem Englischen: "Der loyer in mayn bilding is
going to mufn to the basement floor." (,Der Anwalt in meinem
Haus wird ins Erdgeschoß ziehen'.)

Doch das Jiddische hat auch die englische Sprache beeinflußt. Analog zum *Pidgin English* prägte man den Ausdruck
Yidgin English. Er blieb so erfolglos wie Feinsilvers Vorschläge *Yidlish* bzw. *Yiddiglish*. Durchgesetzt hat sich die am
wenigsten überzeugende Bezeichnung : *Yinglish*.

Einige Beispiele: *He don't know from nothin'*, hergeleitet
aus jiddischem *Er veyst nit fun gornit*, war für den Linguisten
Julius G. Rothenberg 1943 ein "*Yiddiom*".

Mrs. Feinsilver hat später in der Zeitschrift "American Speech" weitere *yiddioms* und *yiddishisms* zusammengestellt – darunter die ironische Wendung *I should tell him he can't do it?* in der Bedeutung: 'It wouldn't be appropriate for me to tell him' (,Es wäre für mich nicht ratsam, ihm das zu sagen').

Verführung im "deli": "bagels", "pastramis" und "knishes"

Aus dem Jiddischen entlehnte Wörter, die jedes amerikanische Wörterbuch aufführt, sind *bagel* (,Brötchen'), *lox* (,Lachs'), *shlemiel* (,Dummkopf') und *schlep:* als Verb bedeutet es ,sich dahinschleppen, bummeln'; als Substantiv ist *a shlep* – ein *Langweiler*. Es war insbesondere der Sänger und Arrangeur Mickey Katz, der in den USA die Sprache assimilierter Juden persiflierte, die sich noch heute zu ihrer Herkunft vornehmlich in Ferienorten wie Miami Beach, Las Vegas, Arizona und den Catskill Mountains bekennen. Es entstand dadurch die spezielle "Yinglish Music of Mickey Katz" – so der Aufsatztitel des Soziologen Herbert J. Gans im "American Quarterly" 1953. Gans stellte fest, daß die von Katz bevorzugten Wörter um jüdisch-kulinarische Köstlichkeiten rankten und stellte die kritische Frage: Ist eine ethnische Küche stets das letzte Charakteristikum, das von einer assimilierten Kultur übrig bleibt? ("Is an ethnic cuisine . . . always the last item to remain of an assimilating culture?") Anlaß war nicht zuletzt die Katz-Parodie "Bagel-Lox and the Tree Bears". Und heute? Die WELT AM SONNTAG berichtete im August 1994 aus New York:

„So kann sich kein echter New Yorker den Sonntagmorgen und die Lektüre der pfundschweren Sonntags-Times ohne einen *Bagel* mit Cream Cheese und *Lox* (marinierter Räucherlachs) vorstellen. Ein Gericht, das man im Rest Amerikas nur vom Hörensagen kennt . . . Die Lower East Side, das einstmalige Zentrum des jüdischen Lebens von New York, ist Heimat zahlreicher sogenannter '*Delicatessen*', die Besucher in eine Zeit katapultieren, in der der Name McDonald noch für einen schottischen Einwanderer stand und für sonst nichts. 'Katz's Delicatessen' an der East Houston Street ist einer dieser alten *Delis*, der es sogar zu internationalem Ruhm gebracht hat. Die legendäre Szene aus dem Spielfilm ,Harry and Sally' wurde hier gedreht . . . Was jüdische Delis wie Katz's, Ratner's und Bernstein's völlig unwiderstehlich macht, ist ihr *Pastrami* – eine marinierte und geräucherte Form von Rindfleisch, die ihren Weg aus Rumänien nach New York gefunden hat. Wie der Bagel ist auch das Pastrami-Sandwich eine New Yorker Institution, die sich nirgendwo anders in den Vereinigten Staaten etabliert hat ... Der *Knish* ist ein weiterer jüdischer Beitrag zur Palette der New Yorker Klassiker. Die mit Kartoffel, Leber oder Käse gefüllte Teigtasche schmeckt allerdings oft recht langweilig ... Wirklich gute *Knishes* ... ißt man in Manhattan bei 'Knish-Nosh' an der 4th Avenue."

"The Barber of Schlemiel"

In einem weiteren berühmten Lied vermittelte Katz das, was der Publizist Wallace Markfield (ohne auf Feinsilvers frühere Arbeiten einzugehen) in einem Beitrag der Zeitschrift "Esquire" treffend "The Yiddishization of American Humor" nannte. Katz spielte und sang nicht den „Barbier von Sevilla", englisch: "The Barber of Seville", sondern – "The Barber of Schlemiel". Er war nämlich beileibe kein *shlep*: Selbst den bekannten amerikanischen Schlager *"Walking my baby back home"* aus dem Jahre 1930 hat er *yinglish* belebt zu *"Schleppin' my baby back home"*.

9

I like Fremdwörter
„Eindringlinge" oder „Internationalismen"?

Es ist schwierig, den Umfang des Wortschatzes einer Sprache zu beziffern. Allein die Definition dessen, was ein Wort ausmacht, stößt auf Schwierigkeiten. Untergegangene Wörter, neu hinzugetretene Wörter, sich in ihrer Bedeutung wandelnde Wörter – sie bezeugen die ständige Bewegung, in der sich das Sprachgut befindet. Zudem bildet sich eine wachsende Zahl sogenannter „Internationalismen" heraus, die, weil sie die Kommunikation erleichtern können, eigentlich willkommen sein müßten. Doch oft werden Fremd- und Lehnwörter als Eindringlinge gesehen und aus einem puristischen Blickwinkel mit Skepsis betrachtet. Die Abneigung gegen Fremdwörter eint zuweilen Dichter, Journalisten und staatliche Institutionen.

"inkhorn terms"

Selbst in England hat im Jahre 1600 eine puristische Bewegung gegen die Fremdwörter, die sogenannten Tintenfaßausdrücke, die *inkhorn terms*, ihre Stimme erhoben. Samuel Rowlands schrieb die Satire "Signieur Wordmonger, the Ape of Eloquence" (‚Signore Wortklauber, der Affe der Beredsamkeit'); auch Dramatiker wie Shakespeare und Ben Jonson machten sich gelegentlich über Fremdwörter lustig.

Puristische Tendenzen hat es überall und zu allen Zeiten gegeben. In Italien wurde 1582 in Florenz die „Accademia della Crusca" gegründet, die ‚Kleie-Akademie', die in der Sprache die Spreu vom Weizen trennen sollte. In Deutschland entstanden – im Kampf gegen die französische Überfremdung – im 17. Jahrhundert sogenannte „Sprachgesellschaften", die man stets in Verbindung mit einer Neueinschätzung der Begriffe „Volkssprache", „Muttersprache" und „Nationalsprache" zu sehen hat.

Der russische Dichter Nikolaj Gneditsch, er lebte von 1784 bis 1833 und ist nicht zuletzt wegen seiner 1829 veröffentlichten „Ilias"-Übersetzung bekannt, schrieb in seiner „Rede über die Bestimmung des Dichters": „... nichts demütigt ein Volk mehr als die Vernachlässigung, die seine Sprache um einer ausländischen willen erfährt."

Auch Kurt Tucholsky hat über „Die *hochtrabenden* Fremdwörter" geschrieben, wie er sie nannte, und war der Meinung: „Etwa die Hälfte aller Fremdwörter kann man vermeiden; man soll's auch tun ..."

Hier gebe ich zu bedenken, daß die Grenzziehung zwischen heimischem und entlehntem Wortgut nicht immer leicht ist, daß mit der Übernahme zumeist die allmähliche Angleichung und Einverleibung eintritt (die dann auch in einer angepaßten Orthographie ihren Ausdruck findet) und daß es im Verlaufe dieses Prozesses die unterschiedlichsten Assimilationsgrade gibt.

„*Fremdwörter*" und „*Lehnwörter*"

Das Deutsche war im Laufe der Jahrhunderte vielen Einflüssen aus fremden Sprachen ausgesetzt. Wer sich mit der Bildungsweise der übernommenen Elemente befaßt, muß zunächst nach der grundsätzlichen Unterscheidung zwischen *Fremdwörtern* und *Lehnwörtern* fragen.

Ernst Wasserzieher, der sich mit dem linguistischen „Woher?" in seinem gleichnamigen „ableitenden Wörterbuch der deutschen Sprache" befaßt hat, antwortet kurz und treffend:

„Unter *Lehnwörtern* versteht man im allgemeinen die lautlich eingedeutschten *Fremdwörter*. Das *Fremdwort* wird zum *Lehnwort*, sobald es im lebendigen Sprachbewußtsein nicht mehr als Fremdling empfunden wird ... Die meisten Lehnwörter machen einen durchaus deutschen Eindruck, sowohl ihrer Form als ihrer Betonung nach. Unsere Sprache besaß früher stärker die Fähigkeit, fremdes Gut einzudeutschen und ihm ein heimatliches Kleid anzuziehen. Wer sieht Wörtern wie *Abenteuer, Arzt, Brille, Engel, Kirche, Körper, Essig, falsch, Form, Insel* ihre lateinische oder griechische Herkunft an?" (Ibid., S. 28)

Den *Lehnwörtern* stehen sogenannte *Lehnprägungen* gegenüber, bei denen man wiederum *Lehnbedeutungen* und *Lehnbildungen* zu unterscheiden hat. Sie werden schnell realisieren, was eine Lehnbedeutung ist; *realisieren* bedeutet nämlich nicht nur ‚verwirklichen‘ oder – in der Wirtschaftssprache – ‚in Geld umwandeln‘, sondern auch: ‚einsehen, begreifen‘. Doch diese neuere Bedeutung ist aus dem Englischen entlehnt worden. Schon Thomas Mann gebrauchte diesen Anglizismus 1949 in seiner Abhandlung über „Die Entstehung des Doktor Faustus": „... erst jetzt *realisiere* ich, was es heißt, ohne das Joseph-Werk zu sein."

Nachdem wir wissen, was eine *Lehnbedeutung* ist, wollen wir uns den *Lehnbildungen* zuwenden. Wasserzieher beschreibt sie als „Entlehnung der Bildungsart mitsamt der neuen Bedeutung" und definiert sie allgemein „als die Neubildung eines Wortes aus dem Stoff der eigenen Sprache durch den Anstoß eines fremden Vorbildes".

Dieses Verhältnis zum Vorbild kann – wie Wasserzieher betont – dreifacher Art sein:

„Das Vorbild kann Glied für Glied in die eigene Sprache übersetzt werden.: *locus communis* wird *Gemeinplatz, curriculum vitae Lebenslauf, présence d'esprit Geistesgegenwart, maidenspeech Jungfernrede* . . ." (Ibid., S. 31)

Ich kann Ihnen dies an einem weiteren Beispiel verdeutlichen: Seit dem Mittelalter gibt es im Deutschen die Bezeichnung *Löwenzahn*. Beide Wortbestandteile entsprechen – wenn auch in umgekehrter Reihenfolge – genau dem mittellateinischen *dens leonis* und dem altfranzösischen *dent de lion*; daher sprechen wir hier von einer *Lehnübersetzung*. Im Englischen liegt der Fall anders: Das mittelenglische *dent-de-lyoun* hat sich auf dem Wege zum Neuenglischen lautlich so verschliffen und in

der Schreibung entsprechend angeglichen, daß man dem heutigen Pflanzennamen *dandelion* nur noch den *Löwen*-Bestand-
teil entnehmen kann.

Der Wortforscher Ernst Wasserzieher verweist auch auf
Lehnbildungen, die nur *einen* Bestandteil des fremden Wortes
genau nachbilden, im übrigen aber freier verfahren:

„*Objekt* wird zu *Gegenstand* (nachdem vorher auch die genauere
Lehnübersetzung *Gegenwurf* versucht worden war), *patria* zu *Vater-
land*, *paeninsula* zu *Halbinsel* (während das Französische und das
Holländische die genauere Lehnübersetzung *presqu'île* bzw. *schierei-
land* haben), *eremita* zu *Einsiedler*..., *radio* zu *Rundfunk*, ... *purga-
torium* zu *Fegefeuer*..." (Ibid., S. 31)

Bei diesen Fällen wird das Vorbild nur teilweise und freier
übernommen; daher kann man von einer *Lehnübertragung*
sprechen. Doch nennen wir auch die letzte Gruppe von
Lehnbildungen: Hier gibt das fremde Vorbild lediglich den
Anstoß zur Neubildung des Übersetzungswortes in der eigenen Sprache, ohne daß eine formale Nachahmung erfolgt.

„Das geschah z.B., als nach dem ersten Weltkrieg für das bis dahin gebrauchte und jetzt für deutsche Erzeugnisse verbotene Wort *Cognac*
ein Ersatz durch die schon seit 1907 bezeugte Neubildung *Weinbrand*
geschaffen wurde ... Ebenso *Kraftwagen* für *Automobil* und *Flugzeug*
für *Aeroplan*. Das älteste deutsche Buch, der ‚Abrogans‘, bietet für
philosophus die schöne Lehnbildung *unmezwizzo* ‚Unmäßigwisser‘.
Eine solche von ihrem Vorbild formal unabhängige Lehnbildung nennen wir *Lehnschöpfung*." (Ibid., S. 31)

Von den *Lehnwörtern* kommen wir zu den *Fremdwörtern*,
und über die haben sich Dichter und Sprachanalytiker unterschiedlich geäußert. Theodor Fontane schrieb 1898 in seinem
Roman „Der Stechlin":

„Dubslav dagegen nahm Czakos Arm und sagte: Nun kommen Sie
Hauptmann, wir wollen derweilen ein bißchen recherchieren und uns
einen guten Platz aussuchen. Mit der ewigen Veranda, das ist nichts;
unter der Marquise steht die Luft wie 'ne Mauer, und ich muß frische
Luft haben. Vielleicht erstes Zeichen von Hydropsie. Kann eigentlich
Fremdwörter nicht leiden. Aber mitunter sind sie doch ein Segen.
Wenn ich so zwischen *Hydropsie* und *Wassersucht* die Wahl habe, bin

ich immer für *Hydropsie*. *Wassersucht* hat so was kolossal Anschauliches."

Wesentlich kritischer äußerte sich Karl Kraus:

„Wo man Fremdwörter vermeiden kann, soll man's bekanntlich tun. Da hört man immer von *Psychoanalytikern*. Als ich einmal einen auch zu sehen bekam, fiel mir sogleich die glückliche Verdeutschung *Seelenschlieferl* ein."

Doch es gibt auch positive Stimmen: *„I like Fremdwörter"* – das bekannte der Redakteur Heinz Ohff 1978 in einem Anthologie-Beitrag zum 150jährigen Bestehen des Reclam-Verlags und schrieb:

„Immer wieder und in nahezu regelmäßigen Abständen beklagen Germanisten, Feuilletonisten und Tageszeitungsleserbriefschreiber die Überfremdung unserer Sprache mit angelsächsischen Vokabeln. Kürzlich war jemand ganz empört, weil ich das Wort *Team* gebraucht hatte, als sei es ein deutsches. Das Wort *Team* gehöre verboten. Deutsch müsse es heißen *Arbeitsgemeinschaft*." (Ibid., S. 181)

Deutlich distanzierte sich Heinz Ohff von dieser Auffassung:

„Ich bin da gegenteiliger Ansicht. Ein wenig angelsächsische Nüchternheit – ich hätte beinahe gesagt: 'horse sense' – kann auch der deutschen Sprache nichts schaden. So hat das Wort *Team*, scheint mir, den entschiedenen Vorteil, daß man es im Gegensatz zum Wort *Gemeinschaft*, nicht mit Worten wie *Volk* oder *Blut* koppeln kann. *Volksteam*, zum Beispiel, klingt lächerlich. Und sollte, da Lächerlichkeit in unseren Breiten bekanntlich nur selten tötet, diese absurde Zusammenstellung doch einmal von diesem oder jenem Sprachneuschöpfer benutzt werden, klänge sie auf jeden Fall nicht so bedrohlich wie einst die ominöse *Volksgemeinschaft*. Ein *Blutsteam* ist sogar undenk-, weil unsagbar. Wäre es nur immer so gewesen!"

Ohff äußerte sich auch zur Frage, wer denn nun eigentlich so heftig gegen Fremdwörter zu Felde ziehe:

„Ich hege mitunter den Verdacht, daß es weniger die Liebhaber der deutschen Sprache sind, die wider das Angelsächsische in unserer Umgangssprache wettern, als vielmehr, die heimlichen oder unheimlichen Volkstribunen, denen die Felle wegzuschwimmen beginnen. Das Sprachbewußtsein oder Sprachunterbewußtsein hat – erstaunlich wach – fast immer nur solche Vokabeln ersetzt oder zeitweilig ersetzt, die sich eventuell mit einer Fracht beladen lassen wie sie uns schon einmal schlecht bekommen ist ... So gehört ein *Gleichtakt der Herzen* seit je zur Lieblingsphraseologie vornehmlich deutscher Demagogen. Jetzt hat sich für das Wort *Takt* weitgehend das englische *Beat* eingebürgert – *Beat des Herzens*? Da wäre selbst Goebbels machtlos. Die angelsächsischen Lehnwörter haben unsere Sprache entdemagogisiert. Überhaupt können Fremdwörter, maßvoll angewandt, eine Bereicherung der Sprache sein, auch der deutschen ..." (Ibid., S. 182)

Und so war es schon immer. Wer sich damit befaßt, erkennt das sehr schnell. Doch Heinz Ohff richtete sein Augenmerk nicht nur auf die Vergangenheit:

„Bleibt nur zu hoffen, daß wir möglichst bald ein angelsächsisches Fremdwort finden für jenen fatalen Ausdruck, den ich in Ermangelung eines besseren, unbelasteten gleich zu Anfang meiner kurzen Apologie angelsächsischer Fremdwörter gebraucht habe: für *Überfremdung*." (Ibid., S. 183)

„Zores"

Ein höchst anschauliches Beispiel für die Übernahme von fremden Wörtern ins Amerikanische bietet uns der Kolumnist William Safire. Er schrieb im Oktober 1982 in "The New York Times Magazine" über die Unruhen in Honduras: "*Tsoris in Honduras.*"

Unter *Zores,* den Safire hier ansprach, versteht man im südwestdeutschen und westdeutschen Raum noch heute ‚Ärger, Wirrwarr, Lärm'. In Jurek Beckers Roman „Jakob der Lügner" heißt es z.B.: „. . . als ob ich nicht genug andere Zores am Hals hätte . . ."

Das Wort ist seit dem 19. Jahrhundert belegt und entstammt dem *Rotwelschen,* das es wiederum dem *Westjiddischen* entlehnt hat. Ich hörte kürzlich in den USA ein jiddisches Lied, das von *Schnaps* und *Zores* singt:

A *shnepsl* tsu makhn ken zyn mamesh a genis,
Ober a lidl tsu zingen iz take zis.
To zingt-zhe shoyn mit, oy, khaverimlekh tayere,
Un fargest-zhe di zorgn un di *tsores* ayere.

„Paneuropäischer Thesaurus"

Über die deutsche Sprache habe ich eine treffende Bemerkung in einem Buch gelesen, das 1990 unter dem Titel „Die europäische Sprachengemeinschaft" erschienen ist. Mario Wandruszka schreibt darin unter der Überschrift „Deutsch – eine europäische Sprache":

„Nehmen wir heute irgendwo in Europa eine fremdsprachige Tageszeitung in die Hand, so finden wir da auf Schritt und Tritt in leicht veränderter Form uns wohlbekannte Wörter und Sätze wieder, die wir gerade dann besonders dankbar zur Kenntnis nehmen, wenn wir sonst mit der betreffenden Sprache noch einige Anfangsschwierigkeiten haben. Dieser europäische Wortschatz stammt aus den Lateinschulen des Mittelalters, den Klöstern, Universitäten und Gelehrtenstuben, aus Bauhütten, Werkstätten, Laboratorien und Hospitälern, Kanzleien und Ratsstuben, aus den griechisch-lateinischen Terminologien der antiken und modernen Wissenschaften, und bildet den großen gemeinsamen Nenner der europäischen Sprachen, mögen sie im übrigen auf noch so verschiedenartige Stammes- und Volkssprachen zurückgehen." (Ibid., S. 7)

Wandruszka hat Recht, wenn er vom paneuropäischen Thesaurus spricht, der freilich nicht nur griechisch-lateinischer Herkunft ist: Er enthält seit ältester Zeit, wie wir festgestellt haben, viel hebräisches, darüber hinaus aber auch viel orientalisches Bildungsgut.

Auf dem persischen Sprach-„Basar": „Kapern", „Spinat" und „julep"

Durch die Vermittlung des Persischen als islamischer Kultursprache sind z.B. viele arabische Wörter auch ins Türkische sowie ins Hindi und Urdu, aber auch in europäische Sprachen eingedrungen.

Im Jahre 1927 veröffentlichte der Sprachwissenschaftler Karl Lokotsch in Heidelberg ein „Etymologisches Wörterbuch der europäischen (d. h. germanischen, romanischen und slavischen) Wörter orientalischen Ursprungs". Es lohnt sich, einen Blick in dieses sprachgeschichtliche Wörterbuch zu werfen. Denn auch im Deutschen und Englischen, die ja zu den germanischen Sprachen zählen, finden sich zahlreiche persische Einflüsse, und zwar in verschiedensten Lebensbereichen – z.B. bei Gewürzen, bei der Bekleidung oder bei Möbeln: *Kapern, Tasse, Pyjama, Schal, Taft, Sandale, Tiara, Saffian, Teppich, Diwan* – alle diese Wörter entstammen gleichsam dem persischen *Basar* und sind auf einer linguistischen *Karawane* nach Europa gezogen.

Und auch wer Theodor Fontanes Roman „Schach von Wuthenow" liest, dürfte sich erinnern, daß das in Indien erfundene ‚Königsspiel' seinen Namen dem persischen Wort verdankt: Persisch *schah* bedeutet ‚König' – das Wort lebt weiter im spanischen *jaque*, im französischen *échec*, im italienischen *scacco*. Das persische *schah mat* bedeutet ‚der König ist verblüfft', im Arabischen bedeutet es soviel wie ‚der König ist tot'.

Das schon im Mittelhochdeutschen belegte Wort *spinat*, das im altfranzösischen *espinache* bzw. *espinage* hieß und auch im Italienischen als *espinace* belegt ist, ist ursprünglich über das arabische *isfināǧ* vom persischen Wort *äspänāḫ* entlehnt worden. Wegen der gezackten Blätter wurde es dann später an lateinisch *spīna* mit der Bedeutung ‚Dorn' angelehnt und mit der Endung versehen, die wir vom Wort *Salat* kennen: fertig war der *Spinat*.

In den Südstaaten der USA gibt es ein erfrischendes ‚alkoholisches Eisgetränk' – *'a drink made of whiskey or brandy, sugar, crushed ice and fresh mint'* – das unter dem Namen *julep* bekannt ist. Woher stammt dieses Wort?

Das altfranzösische *julep* entstammt dem arabischen Wort für ‚Rosenwasser': *julāb*. Und das geht seinerseits auf das persische Wort *gulāb* zurück. Im Persischen heißt nämlich *gul* ‚die Blume' und *ab* ‚das Wasser'.

Auch die englischen Wörter *lemon*, deutsch: *Limone*, und *jasmin*, deutsch: *Jasmin* und *khaki*, ‚der Khakistoff', gehen auf persische Wörter zurück.

Das persische Wort *ḫāk* bedeutet ‚Staub, Erde', dazu wurde das Adjektiv *ḫākī* mit der Bedeutung ‚staub- oder erdfarben' gebildet. Auch im Hindustani heißt es *khaki*; hieraus entwikkelte sich das englische Wort *khaki*: Es bezeichnete die Tarnfarbe der Uniform, welche zum ersten Male einige *Pandschab*-Regimenter bei der Belagerung von Delhi im Jahre 1857 trugen; heutzutage ist das Wort zur Bezeichnung der hellen Tropenuniform in alle europäischen Sprachen übergegangen.

„Simsalabim"

„Bi-smi llāhi r-raḥmāni r-raḥīmī" – mit dieser arabischen Formel beginnt jede *Koransure*. Sie bedeutet: ‚Im Namen des barmherzigen und gnädigen Gottes!' In islamischen Ländern wird sie als Ausruf in vielen Lebenssituationen benutzt.

Sie fragen, was Bi-smi llāhi r-raḥmāni r-raḥīmī mit der deutschen Sprache zu tun hat? Die Antwort wird Sie überraschen: Die arabische Formel ist – in abgekürzter, entstellter und ironisierender Form – auch bei uns geläufig. Allerdings in anderem Zusammenhang: als Begleitspruch im entscheidenden Moment bei der Ausführung eines Zauberkunststückes: *Simsalabim*.

„Sorbet", „Sirup", „Alkohol"

Viele Erkenntnisse der historischen Linguistik kommen einem wie Zauberei vor. Das hat seine Gründe: Sprachliche Veränderungen vollziehen sich während langer Zeitepochen. Fremde Wörter gelangen nicht immer unmittelbar, sondern häufig über Zwischensprachen zu uns. Orientalische Grundwörter sind meistens durch mehrere europäische Sprachen hindurchgegangen und erfuhren dabei immer wieder aufs neue lautliche, zum Teil semantische Veränderungen.

Daher ist die Herkunft mancher Wörter verdunkelt. Karl Lokotsch schreibt:

„Gewöhnlich wird ein orientalischer Abkömmling nicht gleichzeitig in alle europäischen Sprachen aufgenommen, vielmehr von einer Einzelsprache ihrem nationalen Lautbestande angeglichen und so an die Nachbarsprachen weitergegeben." (Ibid., S. VII)

Was heißt das konkret?

In der 20. Auflage des „Duden" finden sich beim entsprechenden Eintrag folgende Aussprache- bzw. Schreibvarianten: „Der oder das /sɔr'be/" – also mit französischer Aussprache – „der oder das 'Sorbet", „der oder das Sor'bett", ja sogar „der oder das Scher'bett" – die letzten beiden Versionen schreiben sich mit einem Doppel-„t". Als Bedeutung wird angegeben: ‚eisgekühltes Getränk, Halbgefrorenes'.

Sie kennen die Köstlichkeit, die zwischen den Gängen eines opulenten Menüs den Gaumen kühlt. Aber woher stammt das Wort?

Es wurde Ende des 17. Jahrhunderts entlehnt aus den gleichbedeutenden Wörtern: französisch *sorbet*, spanisch *sorbete* und italienisch *sorbetto* – im Italienischen bedeutet *sorbire* übrigens: ‚schlürfen'. Die romanischen Varianten entstanden unter dem Einfluß des türkischen *šerbet*, das ‚kühlender Trunk' bedeutet und wiederum mit arabischem *šarbat* für ‚Trunk', bzw. *šariba* für ‚trinken' zusammenhängt.

Das Wort *Sorbet* oder *Sorbett* hat sich bis heute im kulinarischen Bereich gehalten, obwohl Joachim Heinrich Campe es zu Beginn des 19. Jahrhunderts durch *türkischer Kühltrank* ersetzen wollte – in seinem „Wörterbuch zur Erklärung und Verdeutschung der unserer Sprache aufgedrungenen fremden Ausdrücke".

Mit dem *Sorbet* etymologisch verwandt, weil er auch auf das arabische Wort für ‚Trank' zurückgeht, ist ein ursprünglich medizinischer Fachausdruck mit der Bedeutung ‚süßer, eingedickter Arzneitrank'. Noch in der Moralpredigt „Der Renner" des Schriftstellers Hugo von Trimberg hieß es gegen Ende des 13. Jahrhunderts:

> ein syrop und ein pulverlîn
> suochet einer, der wil ein arzet sîn.

Nicht medizinischen, eher ästhetisch-kosmetischem Zweck diente ursprünglich das, was sich hinter dem arabischen Wort *al-kuḥl*, in spanisch-arabischer Aussprache später *al-kuḥúl*, verbarg:

Es war ein aus dem chemischen Element *Antimon* herge-
stelltes Pulver. Bei Karl Lokotsch lesen wir:

„Spießglanzpulver ... zum Färben der Augenbrauen, Wimpern und
Lider ...; noch im 16. Jahrhundert ist das hieraus entstandene Wort
Alkohol in der Alchemie der geläufige Ausdruck für ‚trockenes feines
Pulver‘, erst später wurde es zur Bezeichnung des Weingeistes be-
nutzt.“ (Ibid., S. 98)

„Kaffee“ und „Mokka“

Bei genießerischen Freuden oder harmlosen Genußmitteln – je
nach Betrachtungsweise – gibt es weitere arabisch-deutsche
Spracheinflüsse: *Haschisch, kiffen, Natron, Kandiszucker* und
Kaffee.

Die arabische Bezeichnung für das braun-schwarze Getränk,
die über das Türkische nach Europa kam, könnte vom Namen
der abessinischen Landschaft *Kaffa* stammen, der Heimat des
Kaffeestrauches. Beim altarabischen Wort *qahwa* vollzog sich
– wahrscheinlich aufgrund des von Mohammed schrittweise
eingeführten Alkoholverbots – eine verblüffende semantische
Veränderung; ursprünglich bedeutete es nämlich ‚Wein‘.

Das „Lexikon der Islamischen Welt“ schildert, daß es Mohammed nicht möglich gewesen wäre, den Weingenuß abrupt
zu untersagen, ohne auf heftige Reaktionen seitens der Bevölkerung zu stoßen:

„In Sure 16,67 gilt der Wein noch als ein Geschenk Gottes, Sure 4,43
verbietet den Gläubigen, betrunken zum Gebet zu kommen, in Sure
5,90 schließlich werden Wein und Glücksspiel als Teufelswerk ver-
dammt.“

Zurück zum Kaffee und dem arabischen Wort *bunn*. Es bezeichnet die ‚Frucht des Kaffeestrauches‘ und wurde volksetymologisch zu *Bohne* umgedeutet: daher die Bezeichnung *Kaf-
feebohne*.

Der *Mokka* hat seinen Namen nach dem früheren Ausfuhr-
ort feinster Kaffesorten, der Hafenstadt *Mocha* am Roten
Meer.

Medizin, Botanik, Alchimie, Pharmazie und Mathematik waren Gebiete, aus denen viele Kenntnisse, Begriffe und Wörter aus der arabischen in die europäische Welt eindrangen.

Der ägyptische Germanist Nabil Osman brachte es 1993 in seinem „Kleinen Lexikon deutscher Wörter arabischer Herkunft" auf den Punkt:

„Es kommt nicht von ungefähr, daß arabische Wörter Eingang in die europäische Sprachenwelt fanden. Berührungen zwischen dem arabisch-islamischen Kulturkreis und dem christlichen Abendland hat es in der Geschichte zur Genüge gegeben: zu denken ist ... an die Expansion des Islam in Spanien ... Dort erreichte die maurische Kultur ... ihren Höhepunkt. Alle Wissenschaften, die auf den orientalischen Akademien gepflegt wurden, fanden auch in Spanien freundliche Aufnahme ..." (Ibid., S. 7)

Wenn der „Admiral" seine „Mütze" auf den „Diwan" legt

Daß Wörter wie *Kadi* und *Kalif* arabischen Ursprungs sind, ist offensichtlich. Aber es gibt auch überraschende Entdeckungen im Felde der Etymologie. Wie steht es z.B. mit dem Wort *Admiral*, der Bezeichnung für den ‚Seeoffizier im Generalsrang'?

Dieses Wort wurde im 16. Jahrhundert aus gleichbedeutendem französischem *amiral* entlehnt. Im Altfranzösischen hatte es noch die allgemeine Bedeutung ‚Oberhaupt'. Das arabische *amīr* steht für ‚Befehlshaber'.

Wenn der *Admiral* auf hoher See eine *Joppe* trägt, kann er sicher sein, daß auch die Bezeichnung für dieses Bekleidungsstück aus dem Arabischen stammt. Von der *Joppe* zur *Mütze*: Eine noch 1992 von Nabil Osman aufgestellte Behauptung ist nämlich umstritten. Wie viele Sprachwissenschaftler vor ihm glaubt er, anlautendes *al-* (in mittelhochdeutschem *almuz* bewahrt und erst in der späteren Bildung *Mütze* verlorengegangen) deute auf eine Herkunft aus dem Arabischen. Neuerdings gibt es die These, die zuerst im Mittellateinischen auftretende Vorsilbe *-al* entspreche lateinischem *ad-*, so daß mittellateinisches *almucium* als ‚Zugeschnittenes‘ zu erklären wäre. Da auch eine oberdeutsche *Mutze* soviel wie ‚Wams‘ oder ‚Jacke‘ bedeutet, trägt der Admiral vielleicht doch statt der arabischen eine schmucke germanisch-stämmige *Mütze*.

Am Ende unseres Spaziergangs durch den Garten arabisch-deutscher Sprachbeziehungen sollten Sie sich auf den *Diwan* legen und ein wenig in Goethes „West-Östlichem Diwan“ lesen.

Die erste Bedeutung im Sinne eines ‚niedrigen Liegesofas‘ ist recht bekannt. Doch der „Duden“ führt eine weitere Bedeutung von *Diwan* auf: ‚orientalische Gedichtsammlung‘.

„WYSIWYG“ ist „OK“

Zur Zeit werden alle europäischen Sprachen von Anglizismen überflutet. Die Aufnahme der Anglizismen und die Haltung ihnen gegenüber unterscheidet sich allerdings in verschiedenen Ländern voneinander.

In Deutschland gibt es Berufsgruppen, deren Vokabular dem sprachlichen Normalverbraucher nicht mehr ohne weiteres zugänglich ist. Sie arbeiten z.B. in den Bereichen der Werbung, des Marketing, der elektronischen Datenverarbeitung, Verzeihung: der *EDV*, auf englisch *EDP*: *electronic data processing*; in letzterem Felde reklamiert manche *Software* für sich das Prinzip des *WYSIWYG*. Das Wortmonster *WYSIWYG* ist ein *Akronym*, ein aus Anfangsbuchstaben mehrerer Wörter gebildetes Kunstwort. Es heißt im Klartext: *What you see is what you get* – auf deutsch: *Sie erhalten das, was sie sehen.* Gerade im Bereich der EDV herrscht bei aller Progressivität und Kreativität ein deutsch-englischer Mischmasch. Er ist sehr schnellebig, weshalb manche Begriffe nach kurzer Zeit oft kaum noch verstanden werden – ebensowenig übrigens wie gewisse Berufs- oder Gruppenbezeichnungen.

Akronyme sind im Englischen häufig. Man hat in angelsächsischen Ländern einen besonderen Sinn für Wortspiele, sogenannte *puns*, und macht sich seit jeher einen Spaß daraus, immer neue Abkürzungen zu erfinden: Neben den karrieresüchtigen *Yuppies*, den *Young Urban Professionals*, und den sogenannten *DCC's*, den *dual career couples*, gibt es die ‚kinderlosen Doppelverdiener‘, die *dinks*, wie sie heißen, seitdem das Wort in den USA geprägt wurde. Das Akronym *dinks* steht für *double income, no kids*.

Beim Sprachverhalten mancher Gruppen ist, wie bei ihrer Namensgebung, die sich aus fremdsprachlichen (häufig englischen) Abkürzungselementen herleitet, eine Portion Imponiergehabe im Spiel. Apropos Abkürzungen! Manchen von ihnen sieht man in schriftlicher Form nicht an, aus welcher Sprache sie stammen. *K.O.* ist eindeutig: Es steht für das englische *knock out*, das sogar ins deutsche Wortbildungsmuster übernommen wurde. Wenn man hört, jemand sei *ausgeknockt* worden und das Wort im Duden *nachcheckt*, findet man dort tatsächlich den Eintrag *ausknocken*.

Bei *OK* ist es schwieriger: Im Deutschen steht die Abkürzung für *Organisierte Kriminalität*, die englische Variante spricht sich /ouʹkei/ und erfreut sich besonders in den USA großer Beliebtheit. Ohne Punkte ist sie der postalische *Zip-Code* für den Staat *Oklahoma*. Mit und ohne Punkt, auch in den Schreibungen *okay, okey* oder gar *okeh*, tritt das Lexem als Substantiv, Adjektiv, Adverb, Interjektion und als transitives Verb auf.

„O.K. ist die am häufigsten gebrauchte Abkürzung der Welt. Kaum jemand weiß, was sie bedeutet“, so schrieb 1990 DER SPIEGEL. Der amerikanische Sprachforscher A. W. Read entdeckte die erste Verwendung des Akronyms in einer Ausgabe der "Boston Morning Post" vom 23. März 1839 und deutete sie als scherzhafte Änderung der umgangssprachlichen Aussprache von *all correct*. Diese Erklärung lesen wir auch in der zweiten Ausgabe des berühmten "Oxford English Dictionary." Okay, liebe Leser(innen): Ich will zu einem vorläufigen Fazit kommen. Wie sollen wir uns zum Einfluß des Englischen auf die deutsche Sprache stellen? Sehr abgewogen und vernünftig hat sich der ZEIT-Redakteur Dieter E. Zimmer im März 1985 zu diesem Thema geäußert:

„Daß die deutsche Sprache seit dem Ende des Zweiten Weltkrieges von englischen Wortimporten überschwemmt wird, ist sattsam bekannt. Daß dieser Zustrom von Anglizismen keine vorübergehende Erscheinung ist und die Mehrzahl der zugeströmten Wörter und Wendungen auch nicht wieder verschwinden wird, wollen manche nicht wahrhaben! Daß es nicht bloße Wichtigtuerei ist, wenn sich das Deutsche dem Sprachmaterial englischer Provenienz so bereitwillig öffnet, halten einige für eine bedauerliche Irrmeinung – tatsächlich aber klingt Englisches nicht nur irgendwie ‚weltläufiger‘ und ‚moderner‘, es enthält oft auch Bedeutungsnuancen, die den deutschen Wörterbuchpendants durchaus fehlen, und immer wieder springen Anglizismen dort ein, wo es bisher überhaupt keinen deutschen Ausdruck gibt. Daß dieser Sprachimport das Deutsche nicht nur verändert, sondern auf lange Sicht auch bereichert, hören viele dennoch gar nicht gern.“

„Showmaster“ im „Smoking“

Eine Ergänzung muß ich mir vorbehalten. Es gibt im Deutschen eine Tendenz bei der Übernahme englischer Sprachelemente, die Engländer und Amerikaner oft amüsiert und – als bedauerlicher Nebeneffekt – vielen Englisch lernenden Deutschen erheblich zu schaffen macht: die Herausbildung von *Pseudoanglizismen*.

Darunter versteht man englische Wörter, die es in der englischen Sprache in der vermeintlichen Bildungsart oder Bedeutung gar nicht gibt. Bei deutschen Modeschauen begegnet man *Dressmen*; korrekt heißt es im Englischen *male models*. Auch Wörter wie *Showmaster*, *Talkmaster*, *Twen*, *Smoking* oder *Musikbox* (letzteres oft auch noch mit einem *k* geschrieben), sind rein deutsche Erfindungen: Überzeugen Sie sich in Ihrem Lexikon! Bei Filmen, Theaterstücken, Dramen usw. spricht man vom *Happy-End*; im Englischen heißt es jedoch korrekt: *happy ending*.

Der unreflektierte Gebrauch solcher Bildungen ist aus fremdsprachenpädagogischer Sicht eine englische Krankheit, eine *English sickness*, eine zu beachtende Fehlerquelle selbst für relativ kompetente deutsche Sprecher des Englischen – erst recht für solche, die sich nur dafür halten.

„Falsche Freunde" und "false friends"

Ich muß Sie daher zu ein wenig Skepsis anregen, denn nicht nur im Leben, sondern auch in der Linguistik, speziell beim Übersetzen, begegnet man ihnen häufiger als einem lieb ist: den *falschen Freunden.*

Bei den sogenannten „falschen Freunden des Übersetzers" handelt es sich um eine Eindeutschung des französischen Terminus *faux amis du traducteur,* der seit dem Jahre 1928 bekannt ist.

Damals veröffentlichten nämlich Maxime Kœssler und Jules Derocquigny in Paris ein Buch unter dem Titel "Les Faux Amis ou les trahisons du vocabulaire anglais" – ‚die falschen Freunde oder die trügerischen Fallen des englischen Wortschatzes'.

Was sind nun eigentlich – sprachwissenschaftlich betrachtet – *falsche Freunde* oder *false friends*?

Es sind Wörter, bei denen in zwei oder mehreren Sprachen Schreibweise *und* Klang bzw. Schreibweise *oder* Klang eine identische oder zumindest sehr ähnliche Form aufweisen, so daß man leicht zu falschen Schlüssen hinsichtlich einer vermuteten Bedeutungsgleichheit gelangt. Die ist aber manchmal nur teilweise, häufig sogar überhaupt nicht gegeben. Es sind Wörter, die den Lernprozeß und das Übersetzen nur scheinbar erleichtern. In Wirklichkeit erschweren sie sogar beide Aktivitäten aufgrund der verführerischen Wirkung ihrer Schriftform bzw. Lautgestalt. Als *treacherous twins*, als *treulose Zwillinge*, kommen sie tückisch in vertrautem Gewand daher und erweisen sich als echte *trouble-makers. Trap-words* oder *deceptive words* werden sie daher auch häufig im Englischen genannt.

Der Linguist Jerzy Welna hat diese trügerischen Wörter, die *deceptive words,* 1977 in einem Aufsatz der polnischen Zeitschrift "Papers and Studies in Contrastive Linguistics" treffend definiert:

"A *deceptive word* is a word in the lexicon of some language which exhibits easily identifiable grapho-phonemic similarity to a word . . . in another language. The resemblance is accompanied by either partial

138

correlation in the meaning or by the absence of any direct semantic correspondence."

(‚Ein *trügerisches Wort* ist ein Wort im Wortschatz einer Sprache, das eine leicht identifizierbare grapho-phonemische Ähnlichkeit zu einem Wort... in einer anderen Sprache aufweist. Die Ähnlichkeit wird begleitet von einer teilweisen Korrelation in der Bedeutung oder dem Fehlen jeglicher direkten semantischen Entsprechung.')

„Faux amis" und „falsi amici"

Im Französischen kennt man die Sprachfallen, die *mots-pièges* – wie gesagt – als *faux amis,* manchmal sogar als ‚falsche Brüder', als *faux frères* – ähnlich wie im Spanischen, wo man sie zuweilen *falsos gemelos,* also ‚falsche Zwillinge', nennt. Auch das Italienische kennt für die linguistischen Fallen, die *trappole linguistiche,* die Bezeichnung *falsi amici,* spricht aber auch – und das sehr treffend – von *ambigue affinità, false corrispondenze* oder *false analogie.*

Der „Dirigent" begeht einen „Fauxpas"

Einige dieser Verwechslungen, denen ein falscher sprachlicher Analogieschluß, eine sogenannte *Interferenzerscheinung,* zugrunde liegt, wollen wir am Sprachenpaar Deutsch-Italienisch erläutern:

Das deutsche Wort *Dirigent* darf man ins Italienische nicht mit *dirigente* übersetzen: Man hat *direttore d'orchestra* zu sagen. Das Wort *dirigente* hat nämlich die Bedeutung ‚leitender Angestellter'. Für das deutsche Wort *Statist* lautet die korrekte Entsprechung *comparsa,* nicht etwa *statista,* denn das bedeutet ‚Staatsmann'. Und wer das deutsche *luxuriös* im Italienischen mit *lussurioso* wiedergibt, hat einen großen *Fauxpas* begangen. Er muß korrekterweise *lussuoso* sagen; *lussurioso* ist nämlich gleichbedeutend mit unserem Wort *unzüchtig.*

Wir können also feststellen: Es handelt sich bei den *falsi amici, faux amis* oder *false friends* um ein brisantes linguistisches Problem, das, wie schon erwähnt, dem Bereich der *Interferenz* zuzuordnen ist. Darunter versteht man die Erscheinung, daß bereits erlernte sprachliche Strukturen sich auf neu zu lernende störend auswirken können. Interferenzen zwischen zwei Sprachen gibt es auf allen Ebenen, z.B. auch in Aussprache und Orthographie. Sie wurden von Uriel Weinreich 1953 in New York (und 1963 in den Haag) in seinem grundlegenden Werk "Languages in Contact" als Abweichung von der Norm einer Sprache aufgrund der Kenntnis einer anderen Sprache definiert. Sie stellen ein Fehlerpotential dar, das sich der Selbstkorrektur weitgehend entzieht.

Interferenzen gibt es übrigens innerhalb einer Sprache und zwischen zwei Sprachen. Auf semantischer Ebene spricht man daher von *innersprachlichen* und *zwischensprachlichen faux amis*. Da sich zudem Wortbedeutungen im Laufe der Zeit wandeln, darf das Problem nicht nur mit Blick auf den heutigen Zustand – also *synchronisch* – betrachtet werden. Auch die dynamisch-geschichtliche Sprachentwicklung, die *diachronische* Achse, ist zu berücksichtigen. Insgesamt ergeben sich also vier Arten von faux amis.

Die Nibelungen – in Not oder im Kampf?

Auf *diachronische innersprachliche falsche Freunde* können wir treffen, wenn wir *in* einer Sprache *aus einer Sprachstufe in eine andere* übersetzen, z.B. aus dem Mittelhochdeutschen ins Neuhochdeutsche. „Der Nibelungen nōt" lautet der Originaltitel des berühmten mittelhochdeutschen Epos, in dem es weniger um ‚Not' und ‚Entbehrungen' als um einen handfesten ‚Kampf' geht.

Man muß allerdings wissen, daß das mittelhochdeutsche Wort *nōt* damals die Bedeutung ‚Kampf' hatte.

Ist er „Künstler" oder „Artist"?

Diachronische zwischensprachliche falsche Freunde hat Carlo Milan 1989 in einem Aufsatz der Zeitschrift „Sprachwissenschaft" anhand der deutschen Wörter *Artist* und *realisieren* sowie ihrer italienischen Entsprechungen beleuchtet:

„Das deutsche Wort *Artist* wurde vom französischen *artiste* entlehnt in der allgemeinen Bedeutung ‚Künstler‘, mit der Zeit aber eingeschränkt auf den ‚Geschicklichkeitskünstler‘, den ‚Akrobaten‘ und hat sich somit zum falschen Freund entwickelt.“ (Ibid., S. 389)

Milan nennt einen wichtigen Faktor für den sich im Laufe der Zeit vollziehenden Bedeutungswandel und die sich daraus ergebende Bildung von *zwischensprachlichen faux amis*: Es ist die zunehmende Tendenz zur Internationalisierung bestimmter Wörter, die in zwei bzw. mehreren Sprachen bei unterschiedlicher Bedeutung eine ähnliche phonetische Substanz aufweisen (vgl. meinen Hinweis auf S. 125):

„Infolge der Bedeutungsveränderung können Wörter, die zu einem bestimmten Zeitpunkt ‚falsche Freunde‘ sind, zu einem späteren Zeitpunkt zu ‚wirklichen Freunden‘ werden und umgekehrt. Ein interessantes Beispiel ist das Wortpaar deutsch: *realisieren* versus italienisch: *realizzare*, das unter dem Einfluß von englisch: *to realize* neben anderen Bedeutungen auch die von ‚begreifen‘ angenommen hat, was übrigens auch für französisch: *réaliser* gilt. Das englische Wort *to realize* ist somit auf dem besten Wege, ein echter Internationalismus zu werden.“ (Milan, S. 389)

„Fremdsprachig“ und „fremdsprachlich“ – nur „scheinbar“ gleich?

Ich hoffe, Sie haben *realisiert*, daß wir noch nichts über die *synchronischen innersprachlichen faux amis* gehört haben.

Bei ihnen handelt es sich um *leicht verwechselbare* Wörter, die es in jeder Sprache gibt, auch im Deutschen. Kennen Sie z.B. den Unterschied zwischen *fremdsprachig* und *fremd sprachlich* ? *Fremdsprachiger* Unterricht wird *in einer* fremden Sprache gehalten. *Fremdsprachlicher* Unterricht wird *in der eigenen* Sprache *über* eine Fremdsprache gehalten.

Viele *scheinbar* gleichbedeutende Wörter machen *anscheinend* auch im Englischen dem Sprachbenutzer das Leben schwer und können zu Konfusionen führen. Oder sind Sie in der Lage, auf Anhieb den Unterschied zwischen den Wörtern *classic* und *classical* bzw. *flammable* und *inflammable* zu erläutern?

Im Zweifel findet man Rat im 1979 von Adrian Room veröffentlichten "Dictionary of Confusibles":

"*Classic* is the attribute of something that is of the highest 'class' and serves as a standard or establishes one, as a *classic case* or a *classic example*. A *classic novel* is one that has come to be regarded as one of the best, and so is now famous. *Classical* applies to the 'classics', usually Roman or Greek, or to 'classicism'. There is thus a difference between a *classic play*, which is one that serves as a standard (as the 'classic' novel just mentioned), and a 'classical' play, which is, say, a Greek or French one. Both words can overlap to mean 'refined', so that one can talk of *classic* or *classical purity*. *Classical music*, however, is regarded as being opposed to romantic or light or popular, i.e. it is respectively pre-1800 . . ., serious or traditional." (Ibid., S. 33)

"flammable" oder "inflammable"? – ein „sensibles" Problem

Der Fall *flammable* und *inflammable*, bei dem ich Sie mit meiner Frage nach der vermeintlich unterschiedlichen Bedeutung ein wenig in die Irre geführt habe, ist deshalb so bedeutsam, weil er buchstäblich lebensgefährdend sein kann. Eigentlich sind die Wörter bedeutungsgleich. Im 1992 erschienenen "BBC English Dictionary" lauten die entsprechenden Beispiele:

"An *inflammable* material or chemical 'burns easily'. . .
Something that is *flammable* 'catches fire easily'."

Dennoch wurde dem Wort *inflammable* selbst in England häufig fälschlich die Bedeutung ‚nicht entflammbar' zugeschrieben, weil man die Vorsilbe *in-* – ähnlich wie bei *indirect* und *incomplete* – auch hier als Negation deutete. Um verhängnisvollen Mißverständnissen vorzubeugen, erhob daher die "British Standards Institution", von der Industrienormen ähnlich unseren DIN-Vorschriften festgesetzt werden, schon im Jahre 1959 warnend ihre Stimme und verkündete:

"It is the Institution's policy to encourage the use of the terms *flammable* and *non-flammable* rather than *inflammable* and *non-inflammable*."

Dieser Rat war sehr *vernünftig, very sensible* – wie man im Englischen sagt.

"Sensible", so wird mancher jetzt vielleicht fragen, „ist das nicht gleichbedeutend mit unserem deutschen Wort *sensibel* ?"

Leider nicht. Dies ist nämlich ein klassisches Beispiel – ein *classic example* – für die letzte Fehlergruppe; sie umfaßt die *synchronischen zwischensprachlichen false friends,* die häufig in relativ verwandten europäischen Sprachen auftauchen. Das deutsche Wort *sensibel* heißt nämlich im Englischen – *sensitive.* Und, um das Ganze noch etwas zu komplizieren: *Unsensibel* heißt nicht etwa *unsensitive.* Nein, unsere englischsprachigen Freunde machen daraus: *insensitive,* jawohl!

Contre le „franglais"

Ich möchte nun einen Sprung zu unseren westlichen Nachbarn machen.

„Wenn es um die französische Sprache geht, so verstehen die Franzosen keinen Spaß", schrieb die Wochenzeitung DIE ZEIT schon im März 1985 und verwies auf einen Gesetzesantrag der Sozialisten in der Nationalversammlung, mit dem sie dem sogenannten *Franglais,* jener ungeliebten Mischung aus Französisch und Englisch, noch entschiedener zu Leibe rücken wollten, als dies bislang schon der Fall war. Auch englischsprachige Markenzeichen, Firmennamen und Geschäftsschilder sollten nämlich unter Strafe gestellt werden.

Wortkombinationen wie *Croissant Show* für eine Bäckerei, *Blue Way* für eine Zigarettenmarke und *Macadam Star* für ein neues Automodell sollten amtlich verboten werden. Im Zeitalter zusammenrückender europäischer Nationen hält man es kaum für möglich, daß in Frankreich schon seit 1975 ein Gesetz zum Schutz der französischen Sprache vor englischer Infiltration existiert. Es bedrohte die Sprachsünder mit Bußen bis zu 600 Francs, also etwa 200 DM. Allein im Jahre 1984 waren rund 200 Betriebe und Einzelpersonen verurteilt worden.

Aufgrund einer vom früheren französischen Minister und Mitglied der Académie Française, Alain Decaux, bereits 1988 unter dem Motto „Verteidigt die französische Sprache" gestarteten Kampagne haben Frankreichs oberste Sprachhüter seit Februar 1991 dem Englischen auch für den Bereich des Sports eine rote Karte erteilt. Im französischen Gesetzblatt, dem „Journal officiel", waren nämlich zwei Dekrete erschienen, die besonders Sportjournalisten in Schrecken versetzten; ihnen sollte es bei Strafandrohung verboten sein, sich auf dem Fußball- oder Tennisplatz der englischen Sprache zu bedienen. Der Eckstoß beim Fußball – in Frankreich ebenso wie in Österreich mit *corner* bezeichnet – sollte in Fernsehreportagen lauten: *jet de coin.*

Diese puristische Sprachregelung besagte, daß in Frankreich statt der gängigen englischen Begriffe der Sportsprache nur noch französische Ausdrücke verwendet werden dürften. Statt *tie break* hieß es daher bereits 1991 bei den Tennismeisterschaft im Rahmen des *French Open* in der Pariser Anlage *Roland Garros: jeu décisif*, statt englisch *net* hieß es französisch *filet. D*er Schiedsrichter rief nicht mehr *time* sondern *reprise* und mahnte einen Fußfehler nicht als *foot-fault* an, sondern als *faute de pied.*

Die französische Sportzeitung „L'Équipe" allerdings zeigte Mut. Ihre angesehene Tennisjournalistin Judith Élien sagte: „Diesen Quatsch machen wir nicht mit; schließlich können wir keine sinnlosen Wortschöpfungen schaffen."

Wie rigide und mit welchen absurden Vergleichen diese Sprachpuristen ihre Meinung vertreten, wurde mir am 3. April 1991 noch einmal so recht an einer Äußerung des französischen Schriftstellers Michel Déon deutlich. Das Mitglied der *Académie Française* verglich in Hamburg anläßlich seiner Rede zur Eröffnung der Wanderausstellung „Parlez-vous français?" die englische Sprache mit einem Fahrrad, die französische mit einem Rolls-Royce.

Eine Steigerung erfuhr die Gegnerschaft zum *Franglais* im Jahre 1994: Kulturminister Jacques Toubon suchte mit einem am 1. Juli im Parlament verabschiedeten ganz besonders strengen Gesetz die französische Sprache vor der Übermacht des Englischen zu verteidigen: Ein „Wörterbuch der offiziellen Begriffe der französischen Sprache" sah unter anderem vor, *marketing* durch *mercatique* zu ersetzen, *videoclip* durch *bande vidéo promotionelle*, *design* durch *stylique* und *walkman* durch *baladeur*. Verboten werden sollten *cheeseburger*, *software* oder *airbag*. Bei Zuwiderhandlungen drohten umgerechnet 5800 Mark Strafe. Die Öffentlichkeit reagierte allerdings mit Unverständnis, dem Minister trugen seine Bemühungen den Spitznamen „Mr. Allgood" ein – das ist die wörtliche Übersetzung seines Namens ins Englische.

Sensationell war allerdings die Entscheidung des französischen Verfassungsrats vom 30. Juli 1994: Die oberste juristische Instanz hat mehrere Bestimmungen des umstrittenen Gesetzes zur Reinhaltung der französischen Sprache für nicht verfassungskonform erklärt und stützte ihre Begründung auf das in der Menschenrechtsdeklaration aus dem Jahre 1789 verankerte Recht auf freie Meinungsäußerung. Privatpersonen und Medienvertreter dürfen auch künftig wieder über *airbags*, *marketing* und *milkshakes* reden und schreiben, ohne drakonische Geldstrafen befürchten zu müssen. Unter der Überschrift „Frankreichs Sprachhüter müssen ‚Franglais' dulden" berichtete die Tageszeitung DIE WELT am 1. August 1994:

„Für verfassungswidrig hält der Verfassungsrat auch, daß Publikationen in Forschung und Lehre, die im öffentlichen Auftrag oder mit staatlichen Subventionen in einer ausländischen Sprache herausgegeben werden, zumindest eine Zusammenfassung in Französisch enthalten müssen."

Wir werden sehen, ob in Zukunft der *Passierschlag* beim Tennismatch, der *passing shot*, zum *tir passant* wird, ob aus einem *As* ein *service gagnant* wird. Alle gesetzlichen Vorschriften haben bislang nicht den erwünschten Abschreckungseffekt gehabt und dürften auch in Zukunft kaum verhindern, daß englische Wörter wie *weekend* in zufällige semantische Lücken des Französischen stoßen, daß uns im Geschäftsleben Übernahmen wie *le planning*, *le feedback*, und *le turnover*, ja selbst Gebilde wie *le tennisman*, *le footing*, *le drugstore* und *le self* (letzteres für *self-service restaurant*) begegnen. Wir werden auch in Zukunft englische Spracheinflüsse in Frankreich beobachten können – zum Verdruß mancher Sprachpuristen.

„Perfid" und „amourös"

Französische Wörter haben auch im Deutschen eine wechselvolle Geschichte. Interessant ist, daß einer unserer größten Sprachmeister gegen puristische Sprachtendenzen klar Stellung bezogen hat. Goethe schrieb in seinen „Maximen und Reflexionen:"

„Die Gewalt einer Sprache ist nicht, daß sie das Fremde abweist, sondern daß sie es verschlingt. Ich verfluche allen negativen Purismus, daß man ein Wort nicht brauchen soll, in welchem eine andre Sprache vieles und zarteres gefaßt hat. Meine Sache ist der affirmative Purismus, der produktiv ist und nur davon ausgeht: wo müssen wir umschreiben, und der Nachbar hat ein entscheidendes Wort."

Goethe war auch um ein überzeugendes Beispiel nicht verlegen: Er präsentierte es im sechzehnten Kapitel des fünften Buches seines Bildungsromans „Wilhelm Meisters Lehrjahre": Aurelie ist enttäuscht über ihren treulosen Freund, der ihr französisch schreibt, seitdem er ihre freundschaftliche Verbindung aufgekündigt hat. Sie reflektiert über sein Handeln und zugleich über die deutsche und französische Sprache:

„Ich finde, Gott sei Dank, kein deutsches Wort, um *perfid* in seinem ganzen Umfange auszudrücken. Unser armseliges *treulos* ist ein unschuldiges Kind dagegen. *Perfid* ist ‚treulos mit Genuß, mit Übermut und Schadenfreude'. Oh, die Ausbildung einer Nation ist zu beneiden, die so feine Schattierungen in *einem* Worte auszudrücken weiß!"

Wie steht es heute um den Einfluß des Französischen auf das Deutsche? Die Antwort ist eindeutig: Im Gegensatz zur Überflutung mit anglo-amerikanischen Wörtern ist er seit Jahren rückläufig. Über die „Tendenzen in der deutschen Gegenwartssprache" äußerte sich Peter Braun bereits im Jahre 1987:

„Im Bereich des Buchstabens *a* finden sich insgesamt 71 Wörter mit der Kennzeichnung ‚veraltet'. Unter diesen sind ... 8 französischer

Herkunft:" *abkonterfeien* für *‚abmalen, abzeichnen'*; *Aktrice* für ‚Schauspielerin'; *Aplomb* für ‚Nachdruck, Sicherheit beim Auftreten'; *Assiette* für ‚flache Schüssel, Teller'; *Associé* für ‚Teilhaber, Gesellschafter'; *Assortiment* für ‚Lager, Auswahl'; *ästimieren* für ‚schätzen, würdigen'. (Ibid., S. 186 f.)

Zwei Wörter habe ich bewußt nicht erwähnt: Die *Amouren,* in der 17. Auflage gar nicht enthalten, wurden in die 18. Auflage als *Liebschaften* und *Liebesabenteuer* aufgenommen – in der 20. (gesamtdeutschen) Auflage liest man den vorsichtigen Hinweis: *veraltend.* Seltsamerweise erhielt das entsprechende Adjektiv in der 17. Auflage des Duden 1973 sogar die Kennzeichnung *veraltet;* seit der 18. Auflage 1980 fehlt sie wieder – wie ich meine: zu Recht. Und auch seit dem gesamtdeutschen Duden des Jahres 1991 ist es offenbar wieder beliebt: das Wort – *amourös.*

„*handball*", „*kit(s)ch*" und „*quiche (lorraine)*"

Umgekehrt ist auch der Einfluß der deutschen Sprache auf das Französische im geistigen und wissenschaftlichen Leben nicht zu unterschätzen. Franz Stark hat in seinem jüngst erschienenen Buch „Faszination Deutsch" viele (aus dem 18., 19. und 20. Jahrhundert stammende) Germanismen beleuchtet. Er erwähnt z. B. *handball* und *kit(s)ch* und fügt hinzu:

„Sogar in den ‚geheiligten' Bezirk der französischen Gastronomie – zumindest den der einfacheren – dringen deutsche Begriffe ein. Beispiele...: ‚quiche (lorraine)' von dt. ‚Küchle' oder ‚quenelle' von ‚Knödel' ... Dazu kommen Bezeichnungen wie ‚nouilles' (‚Nudeln'), ‚bock' (von ‚Bockbier'), ‚kirsch' (von ‚Kirschwasser'), ‚kummel' (von ‚Kümmellikör') oder ‚vermouth' (‚Wermut')." (Ibid. S. 247)

„*Süßchen*" im „*Lotterbett*"

Das Verschwinden von Wörtern hat – wie wir feststellen konnten – nicht nur innersprachliche Gründe. Zum Teil geht es auf das Wirken sogenannter Sprachreiniger zurück. Das möchte ich an einem Märchen von Clemens Brentano verdeutlichen.

Der romantische Erzähler lebte von 1778 bis 1842 und stand mit seiner Auffassung des *Märchens* in scharfem Gegensatz zu den Brüdern Grimm.

Seine literarischen Quellen entnommenen Stoffe hat er nämlich phantasievoll kombiniert, weiterentwickelt und satirisch-witzig bearbeitet, so auch im „Märchen vom Murmeltier": Es handelt von einem Müller . . .

„Als er nun einmal mit der Hacke im Garten stand und den vollen Segen seines Feldes und der Bäume anschaute, sprach er traurig:

‚Lieber Himmel! was soll mir all das Glück, da ich den nicht kenne, der mir es geschenkt, um ihm zu danken; lieber wollt ich arm sein und den Freund umarmen, der mir diesen Segen bringt, als so allein hier in Hülle und Fülle sitzen.‘

Kaum hatte er diese Worte von ganzer Seele gesprochen, als die Erde vor ihm erwühlt wurde, und er, der einen Maulwurf zu sehen erwartete, schon die Hacke aufhob, um ihn zu erschlagen; aber, sieh da! es war kein Maulwurf, es war ein kleines, braunes, freundliches Erdfräulein, das ihm die Arme entgegenstreckte und zu ihm sagte:

‚Ich halte dich beim Wort, mein lieber Kampe! umarme mich, ich bin das deutsche Erdfräulein und heiße Wurzelwörtchen; immer hab ich dich geliebt wegen dem schönen, reinen und richtigen Deutsch, das du sprichst, und habe dich deswegen mit Segen überschüttet; werde mein Gemahl, so soll dein Glück sich immer mehren.‘

Meister Kampe zögerte nicht lange, er schlug ein, und sie heirateten sich. Nach einem Jahr schenkte Wurzelwörtchen dem guten Müller Kampe einen Sohn, der Voß hieß und sehr bald sprechen, aber <u>wie</u> sprechen lernte: so schön, so richtig, so rein, daß auch kaum ein Härchen fehlte, daß man ihn gar nicht verstanden hätte.

Dieser Sohn wuchs heran; er war ungemein tiefsinnig und still . . . Als nun Kampe mit seiner Frau Wurzelwörtchen einstens im Garten saß und neue Worte machte, trat Voßchen auf einmal hervor und las ihnen dreimalhunderttausend neue deutsche Wörter vor, an die der gute Meister Kampe nie gedacht hatte; und der Vater ward durch diese Gelehrsamkeit seines Sohnes so bestürzt, daß er in den Armen der Frau Wurzelwörtchen auf der Stelle verblich . . .

Voß machte sich nicht viel daraus; er arbeitete immer darauf los und ward täglich finsterer ; ja, je weiter er in der Sprache kam, je mehr hütete er sich, sie zu sprechen, um sie nicht zu verderben oder zu beschmutzen . . .“

Wen hat Brentano mit seinen Figuren eigentlich aufs Korn genommen?

Mit Voßchen, der seinen Vater, den pedantischen Müller, an Wortreichtum noch übertraf, meinte er Johann Heinrich Voß, einen wichtigen Autor der Empfindsamkeit. Der hat als sorgfältiger, zuweilen übergenauer Übersetzer durch Wort- und Verstreue sowie Bilderreichtum seiner Sprache Hervorragendes geleistet. Seine Nachdichtungen der Homerschen „Odyssee" und „Ilias" sind bis heute lebendig.

Mit der Gestalt des Müllers Kampe persiflierte Brentano den *Philanthropen* Joachim Heinrich Campe. Der lebte von 1746 bis 1818, war erfolgreich als pädagogischer Schriftsteller und wurde berühmt durch die deutsche Bearbeitung von Daniel Defoes „Robinson Crusoe", der er den Titel „Robinson der Jüngere" gab.

Campe, 1777 in Hamburg als Schuldirektor und später als Schulrat in Braunschweig tätig, publizierte auch sprachwissenschaftliche Arbeiten. Deren sprachpflegerische Ausrichtung wird in Brentanos Märchen ironisch zugespitzt. Wie Jacob Grimm störte sich auch Goethe an Campes puristischer Einstellung. In den „Xenien" von Goethe und Schiller wird er kräftig verspottet:

> „An des Eridanus Ufern umgeht mir die furchtbare Waschfrau
> welche die Sprache des Teut säubert mit Lauge und Sand."

Der *Eridanus*-Fluß aus Athen ist die Oker, an der Braunschweig liegt, wo Campe als Waschfrau die Sprache regelrecht rubbelte und schrubbte.

In der Tat war Campe ein Hauptvertreter der Sprachreinigungsbestrebungen seiner Zeit. Dies verraten die Schrift „Über die Reinigung und Bereicherung der deutschen Sprache", die er 1794 veröffentlichte, und sein „Wörterbuch zur Erklärung und Verdeutschung der unserer Sprache aufgedrungenen fremden Ausdrücke".

Campe war ein erbitterter Gegner Adelungs und startete ein Konkurrenzunternehmen, ohne jedoch die Bedeutung seines

Vorgängers zu erreichen; von 1807 bis 1811 erschien in Braunschweig sein „Wörterbuch der deutschen Sprache".

Campe schlug z.B. als Übersetzung bzw. Ersetzung für das griechische Wort *Eironeia* die Wörter *Schalkernst* oder *Kleintun* vor, außerdem: *Süßchen* für *Bonbon*, *Lotterbett* für *Sofa* und *Griffbrett* für *Klavier*.

Sie setzten sich nicht durch. Manchmal ist sie hart, die Ironie des sprachlichen Schicksals. Das gilt auch für die erste Phase des deutschen Purismus, für die barocken Sprachgesellschaften. Heute lächeln wir über manche Vorschläge Philipps von Zesen, der 1643 in Hamburg die „Teutschgesinnte Genossenschaft" gründete: *Leichentopf* für *Urne*, *Jungfernzwinger* für *Kloster*, *Tagesleuchte* für *Fenster*, *Zitterweh* für *Fieber* und *Gesichtserker* für *Nase*.

Zurück zu Campe: Jürgen Schiewe verteidigte ihn im März 1992 in der Zeitschrift „Muttersprache" gegen die Vereinnahmung durch nationalistische Sprachkritik:

„Campe setzte das Mittel der Sprachreinigung als ein Vehikel für Volksaufklärung und Volksbildung ein, mehr noch, er erhoffte sich von einer ‚gereinigten', d.h. durchsichtigen, allgemeinverständlichen Sprache in allen öffentlich-politischen und gesellschaftlichen Bereichen eine Veränderung der Gesellschaftsformen in Deutschland."

Gewiß: Campe wurde von unseren Klassikern als Fremdwortfeind verspottet, weil er in seinem puristischen Bemühen häufig übers Ziel hinausschoß. Gleichwohl lieferte er uns viele Übersetzungen und Lehnübertragungen, die noch heute gängig sind: *Bittsteller* für *Supplikant*, *Zerrbild* für *Karikatur*, *Klapphut* für *chapeau claque*, *befähigen* für *qualifizieren*, *folgewidrig* für *inkonsequent*, *Stelldichein* für *Rendezvous*, *Einzahl* für *Singular*, *Feingefühl* für *Takt*, *Festland* für *Kontinent*, *Tageblatt* für *Journal* und *Zartgefühl* für *Delicatesse*.

Es zeigt sich – so auch Hermann Bausinger in seinem Buch „Deutsch für Deutsche":

„ . . . daß die fremden Begriffe keineswegs völlig verdrängt wurden: sie stehen als Varianten – manchmal mit schwer faßbarem, gewissermaßen atmosphärischem Bedeutungsunterschied, – zur Verfügung. Das heißt aber: die erfolgreicheren Bemühungen deutscher Sprachpfleger erweisen sich nachträglich weniger als Akte der Reinigung, vielmehr als solche der Bereicherung unserer Sprache." (S. 96)

Kürzer heißt es in der 152. Xenie über den Puristen:

„Sinnreich bist du, die Sprache von fremden Wörtern zu säubern;
Nun, so sage doch, Freund, wie man P e d a n t uns verdeutscht."

Adelung führte ‚das Betragen eines Pedanten' als *Pedanterey* auf, Campe nannte drei Formen: *Pedantismus, Pedanterei* und *Pedanterie*.

Osman erklärt das Hin und Her zwischen *Pedanterei* und *Pedanterie*:

„Um dem französischen Wort einen deutschen Anstrich zu geben, hat man das französische *-ie* mit dem deutschen *-ei* umgetauscht. Dann hat die Liebe zur französischen Form, die schöner klingt als die deutsche . . ., die französische Endung wieder eingeführt." ([8]1994, S. 159)

Vielleicht hatte Jacob Grimm recht: Er äußerte 1847 in seiner Schrift „Über das Pedantische in der deutschen Sprache" nicht nur Kritik an Campe, sondern sogar eine grundsätzliche Vermutung:

„Das Pedantische . . ., glaube ich, wenn es früher noch gar nicht vorhanden gewesen wäre, würden die Deutschen zuerst erfunden haben."

„Willhelm Shakespear" oder "William Shakespeare"?

Die deutschsprachige Literatur hat sich zugegebenermaßen mit der Übernahme fremdsprachiger Elemente manchmal schwergetan. So war es beispielsweise im 18. Jahrhundert gang und gäbe, Vornamen zu übersetzen. Johann Jacob Bodmer veröffentlichte 1732 Johann Miltons „Verlust des Paradieses"; zu *Johann* war also *John* Milton, der Verfasser des "Paradise Lost", geworden. 1778 erschienen in Straßburg – übersetzt von Johann Joachim Eschenburg, Professor am Kollegio Karolino in Braunschweig, – „*Willhelm* Shakespears Schauspiele".

Heutzutage übersetzt man im Deutschen fremdsprachige Vornamen nicht mehr. Stellen Sie sich vor, die Historiker sprä-

chen von *Sir Winston Churchill* als von *Sir Freundstein Kirchhügel*! Auf Churchill würde man in der Rückerschließung von
Kirchhügel noch kommen; daß das althochdeutsche *wini*, das
wir z.B. aus dem Personennamen *Winfried* kennen, ‚Freund'
bedeutet, ist jedoch kaum noch jemandem bekannt.

"non-native" speakers

Wenn Franzosen Englisch sprechen, gibt es im phonetischen
Bereich manche Interferenzen des muttersprachlichen Systems.
Unsere westlichen Nachbarn haben gewisse Schwierigkeiten,
der britischen Aussprachenorm, der sogenannten *Received
Pronunciation*, zu entsprechen – vor allem bei den Vokallängen
und bei der Intonation.

Aber noch keinen Engländer, und erst recht keine Englän-
derin, hat – *thank heavens!* – ein leichter französischer Akzent
gestört, solange er mit Charme vorgetragen wird – so wie es
der unvergessene Sänger Maurice Chevalier konnte.

Übrigens: Über die Aussprache französischer Wörter im
Englischen schreibt der bekannte Phonetiker Windsor Lewis,
der lange an der University of Leeds lehrte, in seinem
"Concise Pronouncing Dictionary of British and American
English":

"The number of educated English speakers who can pronounce such
words exactly after the French fashion is minute and few of them
would be disposed to do so in ordinary English conversation".
(‚Die Zahl gebildeter englischer Sprecher, die solche Wörter genau
entsprechend der französischen Art aussprechen können, ist gering –
und nur wenige von ihnen wären bereit, dies in einer gewöhnlichen
englischen Unterhaltung auch zu tun.')

In England ist man gegenüber Menschen, die das Englische
nicht als Erstsprache sprechen, den sogenannten *non-native
speakers,* in Aussprachefragen tolerant. Auch wir Deutsche
werden uns in Deutschland an die Variante des *foreigner talk*
gewöhnen müssen. Aber wir werden es sicher schaffen – denn:
Wer das Bairische, das Pfälzische und das Sächsische verkraf-
tet, warum sollte der nicht regelrecht Grund zur Freude haben,

wenn er italienische, griechische oder türkische Einfärbungen des Deutschen vernimmt?

„Mein Knäcke" in Japan

Abschließend wollen wir unseren Blick kurz auf den Fernen Osten richten. Interessant ist die Entwicklung in Japan. Im Jahre 1868 gab es kein einziges englisches Fremdwort im Japanischen. Das jüngste Speziallexikon für Fremdwörter im Japanischen verzeichnet rund 30000 Einträge. Nicht nur die Zahl der aus dem Englischen stammenden Wörter ist beeindruckend, ihre kunstfertige Assimilation in Wortspielen von Werbung und Poesie erinnert an den lange zurückreichenden, aber bedeutsamen Einfluß der chinesischen auf die japanische Sprache – so schrieb 1990 Bates Hoffer von der Trinity University in einem Beitrag der Zeitschrift "Language Sciences".

Die Japaner haben ursprünglich aus China nicht nur wesentliche Elemente des Regierungswesens, der Architektur und der Religion, sondern auch vor allem solche der Sprache und des Schriftsystems übernommen.

In einer Untersuchung zur Prestigefunktion europäischer Kultursprachen in japanischer Werbung hat der Linguist Harald Haarmann 1984 verdeutlicht, daß man die Entstehung ethnokultureller Stereotypen mit der Westöffnung Japans in der zweiten Hälfte des 19. Jahrhunderts in Verbindung bringen kann.

Damals hat sich die japanische Oberschicht insbesondere an europäischen Standards orientiert. Da Stereotypen langlebig sind, sind sie in der geschlossenen japanischen Gesellschaft fest verwurzelt – und das erleichtert die Handhabung durch das Werbemanagement. Bestimmte Eigenschaften eines ethnokulturellen Stereotyps werden deshalb auf bestimmte Produkteigenschaften übertragen.

Englisches wird mit weltweitem Prestige verbunden: Englische Produktnamen findet man daher in Japan häufig bei Tennisausrüstungen und Alkoholika.

Französisch assoziiert man mit Faszination und Charme: Parfums und Kosmetikartikel tragen daher bevorzugt französische Namen.

Italienisch steht für sportliche Eleganz: Japanische Sportwagen heißen häufig *carina, corolla, leone, stanza* oder *gloria*. Übrigens: Deutsch steht für Gemütlichkeit.

Deutsche Namen werden für Kücheneinrichtungen bevorzugt; es gibt sogar ein japanisches Knäckebrot mit dem Namen *Mein Knäcke*.

10

A: schwarz, E: weiß, I: rot
Poeten und die Sprache

Sprechblasen und synthetische Romane

Natürlich haben sich auch viele Menschen Gedanken über Sprache gemacht, die keine Sprachwissenschaftler sind und dabei teils gescheite, teils weniger gescheite Ergebnisse vorgelegt. Goethe hat in seinen „Maximen und Reflexionen" kritisch bemerkt: „Ein jeder, weil er spricht, glaubt, auch über Sprache sprechen zu können."

Beim österreichischen Schriftsteller Heimito von Doderer heißt es zum Beispiel, die Grammatik sei „die Kunst des vollkommensten Ausdrucks bei geringster Auffälligkeit"; der „Schall" sei „das Fleisch der Sprache", und über die Orthographie sagt derselbe Autor, sie sei „das Haxl, bei dem die Schullehrer das Schreiben erwischt zu haben meinen und es also da festhalten; es hinkt dann freilich bei ihnen auf den drei übrigen Beinchen."

Einer genauen Analyse des Linguisten würden solche Aussagen, so diskussionswürdig sie auch sind, kaum standhalten. Interessanter sind die Kunst-Stücke, die Dichter und Literaten mit einzelnen sprachlichen Phänomenen vollführt haben.

Bekannt waren die hintergründigen Sprachspielereien des Müncheners Karl Valentin, bekannt sind – besonders durch seine eigenen Vorträge – die linguistischen Experimente des Wieners Ernst Jandl: 1966 „Laut und Luise", 1968 die „Sprechblasen". Besonders amüsant sind die Bücher des Züricher Jugendbuchautors Hans Manz, „Worte kann man drehen" (aus dem Jahre 1974) und „Die Welt der Wörter" (erschienen im Jahre 1991). Zu den berühmtesten Sprach-Experimenten gehört freilich das Buch „Exercises de Style", das

Raymond Queneau 1947 veröffentlichte: Hier wurde die Erzählung einer trivialen Bus-Bekanntschaft neunundneunzigmal in verschiedensten Stilfiguren und auf mehreren Sprachebenen variiert.

Sein Autor hat sich übrigens auf die eigene künstlerische Kraft verlassen. Auch das ist bei Romanen im Computerzeitalter keineswegs mehr selbstverständlich. In Kalifornien ist vor kurzem nämlich der erste synthetische Roman entstanden. Der Sachbuchautor Scott French „sezierte" Jacqueline Susannes Erfolgsroman „Das Tal der Puppen" hinsichtlich des Stils und der Denkstruktur der Autorin, erstellte ein Programm darüber, wie sich ihre Charaktere in bestimmten Situationen und bezüglich ihrer Mitmenschen verhalten, strich aus dem vom Computer geschaffenen Werk einige irrationale Handlungsstränge und Dialoge und offerierte es unter dem Slogan: „Das nächste Buch, das Susann geschrieben hätte, wenn sie noch am Leben wäre."

Es gibt kaum eine sprachliche Ebene, kaum ein sprachliches Element, das nicht auch zum Gegenstand künstlerischer Formung oder Einbindung geworden wäre – in Gedichten, in Dramen, in Prosastücken. Armin Ayren hat im Jahre 1982 sogar einen Roman unter dem Titel „Buhl oder Der Konjunktiv" veröffentlicht. Doch lassen Sie mich als erstes den Buchstaben herausgreifen.

„Leipogramm" oder „Lipogramm"

Ich weiß nicht, ob Sie wissen, was *Leipogramme* sind. Das Wort entstammt dem Griechischen; das Verb *leipein* bedeutet ‚weglassen', das Nomen *gramma* ‚der Buchstabe'. Ein *Leipogramm* (manchmal auch *Lipogramm* genannt) ist also eine Schreibart, die bewußt einen oder mehrere Buchstaben meidet, aus einfacher literarischer Spielerei, um Klangmalerei zu erzielen oder aus sonstigen Motiven. Als früher Meister dieses Genres gilt der aus Ägypten stammende griechische Epiker Triphiodoros, der im 5. Jahrhundert eine „Odyssee" geschrieben hat, in deren 24 Gesängen er jeweils einen bestimmten (und überdies jedesmal einen anderen) Buchstaben des griechischen Alphabets bewußt gemieden hat.

Daß das möglich ist, werde ich Ihnen kurz beweisen: nicht an dem altgriechischen Werk, – das ist leider nicht mehr zugänglich, nein, an moderneren Kunstschöpfungen. Triphiodoros hat nämlich seine kauzigen Nachahmer gefunden – u. a. in Italien, Spanien, Frankreich und Deutschland. Ich beschränke mich jedoch auf zwei ganz besondere Beispiele. Bevor ich auf ein Werk aus den USA zu sprechen komme, möchte ich von den deutschsprachigen Lipogramm-Dichtern nicht den unfreiwillig komischen „Schlesischen Schwan" Friederike Kempner, auch nicht den Hamburger Dichter Barthold Heinrich Brockes oder Josef Weinheber zu Wort kommen lassen, sondern einen in Berlin als Improvisator berühmten Literaten namens Gottlob Wilhelm Burmann. Er veröffentlichte dort im Jahre 1788 einen Band mit 130 Gedichten, in deren Versen nicht ein einziges Mal der Buchstabe „R" vorkommt. Sein Widerwille gegen diesen Buchstaben bestimmte ihn sogar, bis an sein Lebensende keinen Satz mehr zu sprechen, der ein „R" enthielt. 1794 publizierte Burmann sogar einen Band kleinerer Erzählungen, in denen je ein bestimmter Buchstabe nicht vorkam. Betrachten wir zum Spaß eines der ernstgemeinten Gedichte Burmanns, das – wie gesagt – kein „R" enthält:

An die Tonkunst

Göttin, die vom Himmel steigt,
Und das Weh des Lebens beugt,
Allgewalt ist deine Macht,
Wo du hintönst, flieht die Nacht!

Stets bist du ein Gilead,
Welches Lebensbalsam hat,
Und den matten Seelenlauf
Helfen deine Schwingen auf.

Könige machst du entzückt,
Wenn dein Himmel sie beglückt;
Und des Landmanns Flötenspiel
Weyhest du zum Festgefühl.

Kettende Melancholie
Bleibt in deinen Seelen nie,
Jedes Wölkchen Dunkelheit
Flieht, sobald dein Wink gebeut.

Göttin, die vom Himmel stammt,
Wonne schaffen, ist dein Amt;
O besieg in Welt und Zeit
Menschenelend, Menschenleid!

Nun möchte ich Ihnen aber auch das amerikanische Beispiel nicht vorenthalten. Sie werden es kaum glauben, aber der amerikanische Autor Ernest Vincent Wright hat im Jahre 1939 nicht etwa nur ein Gedicht, sondern sogar einen aus 50 000 Wörtern bestehenden Roman geschrieben, in dem ein bestimmter Buchstabe nicht ein einziges Mal vorkommt. Wir wollen uns jetzt eine kurze Textstelle vornehmen. Da Sie in der Lipogramm-Interpretation nun schon etwas Erfahrung haben, werden Sie schnell herausfinden, um welchen Buchstaben es sich handelt:

"Upon this basis I am going to show you how a bunch of bright young folks did find a champion; a man with boys and girls of his own; a man of so dominating and happy individuality that Youth is drawn to him as is a fly to a sugar bowl. It is a story about a small town..." (E. W. Wright: *Gadsby*, 1939)

Die Lösung ist verblüffend: Es ist das „E", der am häufigsten vorkommende Buchstabe des englischen Alphabets, der in diesem Textbeispiel wie im ganzen Roman kein einziges Mal vorkommt. Gehen wir vom *Buchstaben*, der kleinsten Alphabet-Einheit geschriebener Texte, zur gesprochenen Sprache über, so finden wir auch dort ein kleines Element, das einen Dichter angeregt hat, sich ihm zuzuwenden. Ich spreche vom *Vokal*.

Die „audition colorée"

Der französische Dichter Jean-Arthur Rimbaud – er lebte von 1854 bis 1891 – schrieb zu Beginn seiner symbolistischen Phase in der ersten Hälfte des Jahres 1871 das berühmte Gedicht „Voyelles" ('Vokale'), das erst 1884 in Paul Verlaines Sammlung „Les poètes maudits" ('Die verfemten Dichter') in Paris veröffentlicht wurde. Das Thema ist eine Art der Synästhesie, die sogenannte *audition colorée*, bei der die Sinneseindrücke von Farben mit denen der Vokale sprachlich verschmolzen werden sollten. Wir kennen die Zuordnungen von Farben und Tönen oder Bewegungsempfindungen und ähnlichen Sinneseindrücken sowie deren Versprachlichung aus der Alltagsdiktion.

Wir sprechen von *knallrot* oder von *schreiendem Grün*, von *hellen* und *dunklen* Tönen und von *warmen* oder *kühlen* Farben. Doch hören wir zunächst das Gedicht:

Voyelles

A noir, E blanc, I rouge, U vert, O bleu: voyelles,
Je dirai quelque jour vos naissances latentes:
A, noir corset velu des mouches éclatantes
Qui bombinent autour des puanteurs cruelles,

Golfe d'ombre; E, candeur des vapeurs et des tentes,
Lances des glaciers fiers, rois blancs, frissons
d'ombelles; I, pourpres, sang craché, rire des
lèvres belles
Dans la colère ou les ivresses pénitentes;

U, cycles, vibrements divins des mers virides,
Paix des pâtis semés d'animaux, paix des rides
Que l'alchimie imprime aux grands fronts studieux;

O, suprême Clairon plein de strideurs étranges,
Silences traversés des Mondes et des Anges:
– O l'Oméga, rayon violet, de Ses Yeux!

Die faszinierende Bildersprache Rimbauds hat ihre Wirkung auf die europäische Dichtung bis heute nicht verloren. Es gibt eine Übersetzung von Walther Küchler aus dem Jahre 1946. Berühmt wurde jedoch die Fassung des Lyrikers und Erzählers Paul Zech, der das Gesamtwerk Rimbauds ins Deutsche übertragen hat. Unter seinen 1944 in Buenos Aires abgeschlossenen Übersetzungen, die eigentlich Nachdichtungen sind, befindet sich auch die deutsche Version des Originals, das wir eben kennengelernt haben. Sie wurde 1963 aus dem Nachlaß erstmals veröffentlicht und lautet:

> Die Vokale
>
> A: schwarz, E: weiß, I: rot, Ü: grün, O: blau – Vokale,
> ich bin schon eurer dunklen Herkunft auf der Spur.
> A: schwarzer Panzerglanz der Fliegen, vom Azur
> herab im Sturz zum Aas der Gräbermale.
>
> E: helles Wüstenzelt aus Gletscherwellen
> auf Edelweiß und Winterhermelin.
> I: Blutsturz, Lippen röter als Karmin,
> und letzter Aufschrei in den Mörderzellen.
>
> Ü: grüne Wiese, Seetang auf den Meeren,
> der Friede satter Herden und die Ruh
> uralter Weisen aus den Morgenländern.
>
> O: Orgelton bis zu den Wolkenrändern,
> befreit von allen Erdenschweren.
> Omega: blaues Kinderauge, du!

Vor Rimbaud hatte sich übrigens auch der Shakespeare-Übersetzer und Literarhistoriker August Wilhelm von Schlegel zur Symbolik der Vokale geäußert, freilich etwas anders als der französische Dichter:

„Wenn du mit Tändeleien der Phantasie Nachsicht haben kannst, so will ich dir eine Vokalfarbenleiter, nebst dem Charakter eines jeden hersetzen. Nimm es nicht übel, daß kein vollständiger Regenbogen heraus kommt: A rot, O purpurn, I himmelsblau, Ü violett, U dunkelblau."

Metaphernbildung – ein „Fundamentaltrieb"?

Die Ansicht der modernen sogenannten „kognitiven Linguistik", derzufolge sprachliches und nicht-sprachliches Wissen sich nicht voneinander trennen lasse, daß Sprache vielmehr aus kognitiven Fähigkeiten resultiere, wird heute vor allem in den USA (z.B. durch George Lakoff, aber auch durch die von uns im 2. Kapitel genannte Eve E. Sweetser) vertreten: Metaphern werden nicht nur als literarisches Dekor verstanden, vielmehr stellen sie ein Instrument dar, mit dessen Hilfe jeder von uns sich die Welt weitgehend unbewußt und automatisch erschließt. Unter Bezug auf die von uns angesprochene Lautbedeutsamkeit hat interessanterweise schon im Jahre 1938 Wilhelm Schneider in einem Aufsatz der „Zeitschrift für Deutsche Philologie" folgendes geschrieben:

„Den Trieb zur Metaphernbildung nennt der junge Nietzsche (,Über Wahrheit und Lüge im außermoralischen Sinne') den ,Fundamentaltrieb des Menschen, den man keinen Augenblick wegrechnen kann, weil man damit den Menschen selbst wegrechnen würde.' Als Philosoph, dessen Denken an die Sprache gebunden ist, leidet er unter dem Trieb, als Dichter verdankt er ihm seinen stolzesten Rausch. Der Trieb zur Metaphernbildung ist in allen Bezirken der Sprache wirksam. An der Bildung der Wortbedeutungen hat er einen so großen Anteil, daß Jean Paul mit Recht jede Sprache ein Wörterbuch erblaßter Metaphern nennen kann . . . Und nun sollte der metaphersüchtige Mensch gerade vor den Sprachlauten versagen oder sich Zwang auferlegen? Unmöglich zu denken. Ist der Trieb zur Metaphernbildung ein ,Fundamentaltrieb' des Menschen, dann wirkt er in allem seinem geistigen Tun. In der Malerei, der Musik, dem Tanz, der Architektur, im Denken und Sprechen, überall setzt der Metaphersüchtige Ähnlichkeiten zwischen Tönen, Formen, Bewegungen, Farben, Linien, knüpft er selbstherrliche Beziehungen zwischen Empfindungen, Vorstellungen und Gefühlen, und immer wieder wirbelt er die verschiedenen Reiche durcheinander, vertauscht alles und jedes miteinander, setzt den Ton für die Farbe, die Farbe für ein Gefühl, das Gefühl für eine Bewegung, die Bewegung wieder für ein Gefühl, einen Ton usw., eine unendliche Kette von Metaphern und Vergleichen . . ." (Ibid., S. 166)

Eine „Verstandsaufnahme"

Ich möchte nun von den *Vokalen* und *Konsonanten* zu den *Morphemen* übergehen, den kleinsten bedeutungtragenden Einheiten der Sprache, speziell zu den *Präfixen*, den Vorsilben, die als selbständiges Wort nicht vorkommen. Erich Fried hat sich diese sogenannten *gebundenen Morpheme* 1977 in einem Gedicht vorgenommen und sie bei seinen verfremdenden Wortbildungsmustern spielerisch vertauscht. Sein „ungrammatisches" Gedicht, das zweifellos eine kritische *Be*-standsaufnahme sein will, trägt die provokante Überschrift: „Verstandsaufnahme". Die erste Strophe lautet:

> Der Befassungsschutz
> verschützt die Versitzenden
> vor denen die den Verhörden
> als bestockte Beschwörer verkannt sind
> weil sie eine Beänderung
> der Lebensverdingungen wollen
> durch Bewandlung der Produktionsbehältnisse

„*Spinatkrampf*" und „*Bürstenwürste*"

Nachdem wir gesehen haben, wie einige *graphematische, phonästhetische* und *morphosyntaktische* Verwirrspiele literarisch abgehandelt wurden, möchte ich auf das Feld der *Lexik* überwechseln. Im 5. Kapitel haben wir gezeigt, daß es schwierig, im Grunde unmöglich ist, zu definieren, was ein *Wort* ausmacht. Gleichwohl hat jeder von uns intuitiv eine Wort-Vorstellung.

Das wußte auch Charles Lutwidge Dodgson. Er war Dozent für Mathematik und Logik am Christ Church College in Oxford: Als Lewis Carroll, also unter seinen Vornamen, deren Buchstabenfolge er ein wenig vertauscht hatte, ist er uns als Autor von "Alice's Adventures in Wonderland" und "Through the Looking-Glass" bekannt. Letzteres Werk stammt aus dem Jahre 1871, und in ihm zitiert Alice für Humpty Dumpty die erste Strophe des Gedichts "Jabberwocky":

> 'Twas brillig, and the slithy toves
> Did gyre and gimble in the wabe:
> All mimsy were the borogroves,
> And the mome raths outgrabe.

Jedes Wort in dieser Strophe entspricht den *phonotaktischen* Baugesetzen der englischen Sprache, d. h. die *Phoneme*, die kleinsten bedeutungsdifferenzierenden Einheiten des Englischen, sind richtig kombiniert worden. Auch die *morphologischen*, also die Wortbildungsstrukturen betreffenden Gesetze wurden beachtet – und doch sind die meisten Wörter des Gedichts (also *brillig, slithy, toves, gyre, gimble, wabe, mimsy, borogroves, mome, raths* und *outgrabe*) schlichtweg erfunden. Es gibt sie im Englischen nicht (oder nicht mehr); der Autor hat nur die zufälligen Lücken des Sprachsystems ausgenutzt.

Ähnlich verfuhr auch Michael Ende in seiner Unendlichen Geschichte. Dort – im 23. Kapitel – schaut das Äffchen Argax gemeinsam mit dem kleinen Jungen – Bastian Balthasar Bux – den Spielern des Beliebigkeitsspiels zu, die mit Würfeln spielen, auf deren sechs Seiten sich Buchstaben befinden, und kommentiert den Vorgang kichernd: „... wenn man es sehr lang spielt, jahrelang, dann ergeben sich manchmal durch Zufall Wörter. ‚Spinatkrampf‘ zum Beispiel, oder ‚Bürstenwürste‘ oder ‚Kragenlack‘.“

„Wenn man es aber hundert Jahre, tausend Jahre, hunderttausend Jahre immer weiterspielt,“ – so fährt das Äffchen bei Michael Ende fort – „dann muß nach aller Wahrscheinlichkeit dabei durch Zufall auch einmal ein Gedicht herauskommen ...“

Ich möchte Ihnen jetzt ein Gedicht vorstellen, das Christian Morgenstern geschrieben hat. Er wurde übrigens in dem Jahr geboren, in dem Lewis Carroll sein "Through the Looking-Glass" veröffentlichte, und starb nach zwanzigjährigem Siechtum am 31. März 1914. Berühmt wurde er durch seine grotesken Gedichte, die 1905 unter dem Titel „Galgenlieder“ erschienen sind. In einem davon wendet sich der Dichter der Deklination eines Substantivs zu.

Der Werwolf

Ein Werwolf eines Nachts entwich
von Weib und Kind und sich begab
an eines Dorfschullehrers Grab
und bat ihn: „Bitte, beuge mich!“

163

Der Dorfschullehrer stieg hinauf
auf seines Blechschilds Messingknauf
und sprach zum Wolf, der seine Pfoten
geduldig kreuzte vor dem Toten:

„Der Werwolf", sprach der gute Mann,
„des Weswolfs, Genitiv sodann,
dem Wemwolf, Dativ, wie mans nennt,
den Wenwolf, – damit hats ein End."

Dem Werwolf schmeichelten die Fälle,
er rollte seine Augenbälle.
„Indessen", bat er, „füge doch
zur Einzahl auch die Mehrzahl noch!"

Der Dorfschulmeister aber mußte
gestehn, daß er von ihr nichts wußte.
Zwar Wölfe gäbs in großer Schar,
doch „Wer" gäbs nur im Singular.

Der Wolf erhob sich tränenblind -
er hatte ja doch Weib und Kind!!
Doch da er kein Gelehrter eben,
so schied er dankend und ergeben.

Nicht über die Kasus von Substantiven, sondern über Verben,
speziell die deutschen Modalverben, hatte sich schon 1882 der
Dichter Friedrich Rückert geäußert, der als Übersetzer aus orientalischen Sprachen berechtigten Ruhm erlangt hat: „Sechs
Wörtchen nehmen mich in Anspruch jeden Tag: Ich *soll*, ich
muß, ich *kann*, ich *will*, ich *darf*, ich *mag*."

„Verkehrungswürdig"

Gehen wir vom *Wort* zum *Sprichwort* über, so ist Karl Kraus
mit seinen scharfsinnigen Aphorismen und Sprichwortver-
fremdungen zu nennen. Er hat seine Zeit nicht nur beim Wort,
sondern auch bei der Redensart genommen: „Leben und Sprache liegen einander in den Haaren", schrieb er einmal und:
„Eine der verkehrungswürdigsten Redensarten ist die von den
schlechten Beispielen, die gute Sitten verderben."

„Olla Podrida"

Und noch einem weiteren Wiener wollen wir uns zuwenden: Im Jahre 1926 erhielt der Autor Alexander Lernet-Holenia den Kleist-Preis für einen schwankhaften Einakter, in dem es um ein Durcheinander von Liebesbeziehungen geht. Er trug den seltsamen Titel: „Olla Podrida."

Das ist unser Stichwort! Bezeichnungen für musikalische und poetische Kunststücke verweisen erstaunlich oft in das kulinarische Bezugsfeld: Wörter der Küchensprache werden von eßbaren auf lesbare oder hörbare Dinge übertragen. Die aus Fleisch und Gemüsesorten zusammengekochte, ursprünglich spanische Speise *olla podrida* hat ihre Entsprechung im *Leipziger Allerlei,* vor allem jedoch im französischen *Potpourri.* Wörtlich bedeutet dies ‚verfaulter Topf' und bezeichnet heute nicht nur die Speise, sondern auch ein aus verschiedenen Themen zusammengesetztes Musikstück.

„Farce" und „Satire"

Bei zwei literarischen Genrebezeichnungen, der *Farce* und der *Satire,* ist der Küchenbezug für den Nicht-Lateiner ein wenig verdunkelt. Das Wort *Farce* verwenden wir gemeinsprachlich für etwas ‚Lächerliches' und ‚Nichtswürdiges'. Im 18. Jahrhundert wurde es entlehnt aus französischem *farce* für ‚Fleischfüllung aus Kleingehacktem, vor allem von Geflügel und Pastete'. Darauf basieren unsere Wörter *farcieren, faschieren* und *Faschiertes;* das lateinische *farcire* entsprach unserem ‚stopfen'. Die übertragene literarische Bedeutung geht aus von Einlagen in mittelalterlichen Mysterien- und Mirakelspielen, die sich später zu eigenständigen Darbietungen verselbständigten. Goethe veröffentlichte 1774 die literarische Streitschrift „Götter, Helden und Wieland" und nannte sie im Untertitel: „Eine Farce". Sie war nach heutigem Verständnis eher eine *Satire.*

Apropos *Satire.* Was hat diese Bezeichnung, so wird sich manche(r) fragen, mit der Küche zu tun?

Der Altphilologe Ulrich Knoche verrät es uns in seiner Abhandlung über „Die römische Satire": Unter Bezug auf den lateinisch schreibenden Grammatiker Diomedes aus dem 4. Jahrhundert deutet er lateinisches *satura* als eine ‚Pastete oder ein Füllsel, beispielsweise für Geflügel: trockene Trauben, Graupen und Pinienkerne, mit Honigwein besprengt...': Eine Satire enthält schließlich so allerlei Kritisches und Spöttisches von diesem und jenem.

„Makkaronische Dichtung"

Doch mir geht es hier weder um ein Potpourri, noch um Farcen oder Satiren – nein, mir geht es um die sogenannte *makkaronische Dichtung*. Der Name geht möglicherweise auf das italienische Nationalgericht zurück. 1897 schrieb ein Gymnasiallehrer namens Carl Blümlein in den „Berichten des Freien Deutschen Hochstifts" zu Frankfurt am Main:

„Wie die...Leibspeise aus Mehl und Käse besteht, so besteht das maccaronische Gedicht aus der Grundsprache und den hineingemischten Wörtern einer anderen Sprache. Das Bindemittel, dort die Butter, bildet in diesem Falle die gleichmäßige Flexion dieser fremden Bestandteile, die dadurch mit der Grundsprache zu einer organischen Verbindung, gleichsam zu einem Teig vermengt werden."

Die Geschichte der makkaronischen Dichtung beginnt mit dem Italiener Tifi degli Odasi, der 1488 in Padua auf dem Sterbebett anordnete, sein Gedicht, das einen Makkaroni-Hersteller zur Hauptperson hat, dürfe nicht gedruckt werden.

Es erschien natürlich trotzdem – als „Carmen Macaronicum de Patavinis quibusdam arte magica delusis". Das heißt: ‚Makkaronisches Lied über einige Leute aus Padua, die durch magische Kunst verspottet werden'.

Von Italien nach Frankreich ist es nicht weit. Schnell hielt auch dort die makkaronische Dichtung ihren Einzug. Im 16. und 17. Jahrhundert gibt es berühmte Beispiele, nicht zuletzt das dritte Zwischenspiel in Molières Ballettkomödie „Le Malade Imaginaire". Hier wird eine Doktorprüfung travestiert, um das kurpfuscherische Treiben der Ärzte zu entlarven. Aufgeblasene Mitglieder der Prüfungskommission vermengen ihr stolzes Latein mit Wörtern ihrer Muttersprache, woran deutlich wird, wie wenig gelehrt sie in Wirklichkeit sind.

Voraussetzung für die komische Wirkung des Molièreschen Stückes und überhaupt für das Vergnügen an makkaronischer Dichtung war und ist natürlich die Kenntnis der lateinischen Sprache.

Denn – wie wir nun wissen – verstand man ursprünglich unter makkaronischer Poesie ,lateinische Gedichte mit Einsprengseln griechischer oder volkssprachiger Wörter mit lateinischen Endungen' – frei nach der Devise: *Nachtwächteri veniunt cum Spießibus atque Laterni.*

Später verstand man darunter allgemein Sprachspielereien zur Erzielung komischer oder parodistischer Wirkungen aufgrund der Mischung zweier Sprachen.

Ein bekanntes Beispiel dafür ist die Sprechweise des Riccaut de la Marlinière in Lessings „Minna von Barnhelm" im Dialog mit dem Fräulein:

Das Fräulein:	Es tut mir ungemein leid.
Riccaut:	Vous êtes bien bonne, Mademoiselle. Aber wie man pfleg su sagen: ein jeder Unglück schlepp nak sik seine Bruder; qu'un malheur ne vient jamais seul: so mit mir arrivir. Was ein honnêt-homme von mein Extraction kann anders haben für Ressource als das Spiel? Nun hab ik immer gespielen mit Glück, solang ik hatte nit vonnöten der Glück. Nun ik ihr hätte vonnöten, Mademoiselle, je joue avec un guignon, qui surpasse toute croyance. Seit funfsehn Tag iß vergangen keine, wo sie mik nit hab gesprenkt. Nok gestern hab sie mik gesprenkt dreimal. Je sais bien, qu'il y avoit quelque chose de plus que le jeu. Car parmi mes pontes se trouvaient certaines dames – Ik will niks weiter sag. Man muß sein galant gegen die Damen. Sie haben auk mik heut invitir, mir su geben revanche; mais – Vous m'entendés, Mademoiselle – Man muß erst wiß, wovon leben, ehe man haben kann wovon su spielen . . .
Das Fräulein:	Ich will nicht hoffen, mein Herr.

Auch unter deutschen Dichtern gab es manch komische Nudel, die sich makkaronischen Versen verschrieb – aber, wie gesagt, eigentlich nur so lange, wie das Lateinische dem gebildeten Publikum ebenso geläufig wie seine Muttersprache war.

Ein aktuelleres Beispiel für das Fortleben der Nudelverse bot das Nachrichtenmagazin DER SPIEGEL im Herbst 1961 zur Wiederwahl Konrad Adenauers als Bundeskanzler: *Habemus Opapam.*

Ein Epikuräer von Wörtern

Makkaronisches Vergnügen empfindet man übrigens auch in der angelsächsischen Welt. Im 19. Jahrhundert gab es in den USA einen Schriftsteller, der den Hang zum Fremdwörtergebrauch persiflierte. Oliver Wendell Holmes, der zugleich Arzt und Naturforscher war, veröffentlichte 1857 ein Gedicht, das er "Aestivation" nannte. Man könnte den Titel als ‚Sommerfrische' übersetzen. Holmes schrieb sein Werk einem alten Lateinlehrer zu, dessen intensive Beschäftigung mit dem Lateinischen seinen englischen Sprachstil beeinflußt habe. Mehr als ein Dutzend Wörter im Gedicht sind lateinisch geprägte Kunstgebilde, die im englischen Wortschatz gar nicht existieren.

> In candent ire the solar splendour flames;
> the foles, languescent, pend from arid rames;
> His humid front the cive, anheling, wipes,
> And dreams of erring on ventiferous ripes.
>
> How dulce to vive occult to mortal eyes,
> Dorm on the herb with none to supervise,
> Carp the suave berries from the crescent vine,
> And bibe the flow from longicaudate kine!
>
> To me, alas! no verdurous visions come,
> Save yon exiguous pool's conferva – scum.
> No concave vast repeats the tender hue
> That laves my milk-jug with celestial blue.
>
> Me wretched! Let me curr to quercine shades!
> Effund your albid hausts, lactiferous maids

O might I vole to some umbrageous clump, –
Depart, – be off, – excede, – evade, – erump!

Darrel Abel nannte Holmes 1963 in seiner Literaturgeschichte "Literature of the Atlantic Culture" einen Dichter von Gesellschaftsversen, der Wörter weniger als Träger von Gedanken und Gefühlen betrachtete, sondern in sie um ihrer selbst willen verliebt war.

Holmes' Selbstcharakteristik spiegelt seinen Sinn für das Spiel mit bedeutungsschweren Kunstwörtern. Er sagte, er sei von Natur und aufgrund seiner Ausbildung ein allesfressender Epikuräer von Wörtern: – "I am omniverbiverous by nature and training", "an epicure of words".

„An unsrer Beach"

Eine weitere Spielart der Nudelverse ist die sogenannte „Lenge-vitch" der deutschen Einwanderer in den USA. Das Lateinische ist nicht mehr beteiligt; vermengt werden Deutsch und Englisch – in angemessener Zubereitungsweise. Einem gewissen K. M. Stein wird ein 1925 in New York erschienenes Gedicht zugeschrieben, das den Titel trägt: „An unsrer Beach".

> Frau Meier hat auch ein Paar Twins,
> die sind im Winter Manikins,
> but an der Beach da schmieren
> sie Butter auf die Buns und tun
> die Facts von Life studieren.
> Frau Meier hat auch einen Suit,
> in dem sie schwimmen gehen tut.
> Sie hat ihn selbst geknittet.
> Und wenn was bustet dran, da wird's
> mit Chewing Gum verkittet.
> Frau Meier hat auch einen Freund,
> a Barber, der sie abends joint,
> Before is er zu busy.
> Er specializet in Wasser waves,
> und seine Frau heißt Lizzie.

Fremdsprachen-Liebhabern wird unsere makkaronische Präsentation nicht schaden. Schließlich gilt immer noch die Weisheit jenes „Maccaronicons" aus einem Stammbuch des Jahres 1796: *Quisquis habet Schaden, pro Spott non sorgere debet.*

„Sprachmischung"

Der zuletzt in München lehrende Romanist Harald Weinrich bezeichnete in seinem 1988 veröffentlichten Buch „Wege der Sprachkultur" Thomas Mann als einen großen Meister der Sprachmischung und beklagte – wie ich meine: zu Recht – daß die Fremdsprachendidaktik auf dieses Phänomen noch nicht ihre volle Aufmerksamkeit gerichtet hat:

„Daß in der Sprachmischung, zumal wenn sie mit Witz und künstlerischem Geschmack praktiziert wird, auch Möglichkeiten und Chancen des Fremdsprachenunterrichts liegen können, ist ihr bisher anscheinend nicht recht bewußt geworden. Das hängt sicher mit dem ... Verbot der Sprachmischung vor der Norm der grammatischen <u>puritas</u> zusammen. Was speziell die Didaktik des Fremdsprachenunterrichts betrifft, so ist in den fünfziger Jahren, wie man weiß, sogar die Mischung fremdsprachiger Texte und muttersprachlicher Erklärungen in Verruf geraten, und die Didaktiker haben, einem extremen *puritas*-Ideal folgend, den absolut ungemischten und konsequent einsprachigen Fremdsprachenunterricht zum Dogma erhoben." (Ibid., S. 300)

Nun weiß natürlich auch Harald Weinrich, daß die meisten Lehrer längst zur sogenannten „aufgeklärten Einsprachigkeit" übergegangen sind. Sie geben also schwierige Erklärungen in der Muttersprache ab und lassen ihren Schülern, solange diese nur über ein beschränktes Inventar fremdsprachlicher Wörter und Wendungen verfügen, gelegentlich auch eingefügte deutsche Elemente durchgehen.

Gleichwohl bietet gerade die Literatur eine Fülle von Beispielen dafür, wie man auf allen Ebenen – vom Anfangsunterricht bis zu fortgeschrittenen Stadien des Lernprozesses – einen „mischfreudigen" Unterricht erteilen kann. Der französische Romancier Alain Robbe-Grillet hat sogar einen Roman im Auftrag einer amerikanischen Universität speziell für Studenten der französischen Sprache und Literatur verfaßt. Die Sprachdidaktikerin Yvone Lenard hatte dem Autor zuvor die Auflage gemacht, die verschiedenen Tempora der französischen Verbgruppen nach abgestufter Schwierigkeit einzuführen und außerdem verschiedene grammatische Probleme der französischen Sprache bewußt zu thematisieren. Dies tat Robbe-Grillet in seinem Roman, der gleichzeitig in den USA unter dem Titel „Le Rendez-vous" und in Frankreich unter dem Titel „Djinn. Un trou rouge entre les pavés disjoints" erschien.

Was bietet ce tableau dar?

Harald Weinrich hat auch die deutsch-englische Mischsprache von Werner Lansburgh, die norddeutschen Radiohörern aus dessen früheren Radiosendungen wohlbekannt ist, ausdrücklich gelobt und sie in die Nähe der *Pygamalion-Pädagogik* gerückt:

„Ich bin der Ansicht, daß diese muntere Art, eine Fremdsprache zu lernen oder sie wenigstens aufzufrischen, nicht nur in die Wochenend- und Reiselektüre, sondern auch in den regulären Unterricht gehört. Dazu bedarf es keines größeren Mutes, als ihn vor reichlich einem Jahrhundert Gustav Langenscheidt schon in seinen Lehrbriefen der französischen . . . Sprache gehabt hat." (Ibid., S. 302 f.)

In diesen Lehrbriefen hatte Langenscheidt seine Schüler durch eine Reihe von Fragen veranlaßt, französische Konversation zu üben. In diesen Fragen, die sich auf vorher besprochene Texte beziehen, mischt er auf unbekümmerte Art die deutsche mit der französischen Sprache und fragt beispielsweise:

„Was bietet ce tableau dar? Was geschieht sur le bord occidental? Was tun leurs flots de verdure? Was tun sie dans l'azur du ciel?"

In der Tat kann man den überwältigenden Lehrerfolg dieses ersten linguistischen Fernstudiums als ein erwägenswertes Argument zugunsten einer vorsichtig sprachmischenden Sprachlehrmethode ansehen. Es gilt also, eine alte Unbefangenheit neu zu entdecken. Es gibt, wie gesagt, zahlreiche Stellen in der

Weltliteratur, die man im Fremdsprachenunterricht mit Gewinn motivationsfördernd heranziehen kann. Amerikanisch-spanische Beispiele finden sich im Roman "For Whom the Bell Tolls" von Ernest Hemingway, doch gerade im Bereich der Romania haben Mischsprachentexte eine lange Tradition. Die Parodie ärztlichen Küchenlateins in Molières Komödie „Le Malade Imaginaire" – „Der eingebildete Kranke" – habe ich bereits erwähnt.

„Dictionopolis"

Zum Schluß möchte ich einen Roman vorstellen; die "New York Times Book Review" nannte ihn einen „Klassiker der Kinderliteratur" – wie ich meine: zu Recht. Er stammt von Norton Juster, einem Architekten aus Brooklyn, der nebenbei Kinderbücher schreibt. Sein 1961 erschienenes Buch "The Phantom Tollbooth" wurde auf deutsch 1978 veröffentlicht. Es trägt den Titel „Verhext in Wörterstadt oder: Weckerhund, Wedermann und Schlafittchen". Worum geht es in diesem Roman?

Es geht um Milo, einen kleinen Jungen, der zu nichts Lust hat und sich langweilt. Eines Tages aber steigt er in sein Spielzeugauto und fährt – „durch reines Nachdenken angetrieben" – in ein Land, das in keinem Atlas steht. Die vielen Erlebnisse, die er hier hat, sind in amüsanter und zugleich lehrreicher Weise beschrieben; sie drehen sich ausnahmslos um Probleme der Sprache. Hier gibt es Minister, die wahre Unterhaltungskünstler sind: Einer kann ausgezeichnet Haare spalten, ein anderer macht aus jeder Mücke einen Elefanten, und ein dritter hängt am seidenen Faden. Die seltsame Reise führt Milo auch in die Wörterstadt Dictionopolis, das glückliche Königreich in den Vorbergen von Kuddelmuddel, ins Land der Tag- und Nachtdöser und zu König Abiszet, dem Ungekürzten.

Der kleine Milo trifft auch die Wortsaubermacherin, die Urgroßtante des Königs, die überall im Königreich Tafeln aufstellt. Auf einer steht „In der Kürze liegt die Würze", auf einer anderen „Sprich selten oder halt den Mund", auf einer weiteren Tafel steht der Spruch, mit dem ich mich in diesem Kapitel von Ihnen verabschieden möchte: „Reden ist Silber, Schweigen ist Gold."

11

Die Rehlein beten zur Nacht
Ironisches und Parodistisches

„Igel in der Abendstunde"

In einer im Mai 1993 erschienenen Ausgabe des ZEIT-Magazins las ich unter der Spalte „So Isses" einen Erlebnisbericht von Jörg Albrecht, in dem der Autor seine häusliche Heimsuchung durch einen Einbrecher beschrieb. Der Artikel trug den Titel „Fremder in der Nacht" und begann so:

„Neulich hatten wir Besuch. Unangemeldet. Wo für gewöhnlich Igel in der Abendstunde ... Also Igel, um das mal klarzustellen, gehen ganz und gar nicht still nach ihren Mäusen. Igel trampeln durch das Unterholz, daß es einen aus dem Tiefschlaf reißt. Wie auch Katzen, die von Bäumen plumpsen. Oder verwirrte Eichhörnchen ..."

Eines fällt auf: Hier ist ein musikinteressierter und belesener Autor am Werke gewesen. Das belegen zwei in den späteren Verlauf seines Artikels eingeflochtene direkte Zitate von Wilhelm Busch und Shakespeare, das bezeugen aber auch die lockeren Anspielungen auf Frank Sinatras Song "Strangers in the night ..." und auf die *Igel in der Abendstunde.* Hier habe ich allerdings meine Zweifel, ob das gesamte Lesepublikum dieses augenzwinkernd eingeblendete Zitat als solches erkennt: „Wenn die Igel in der Abendstunde still nach ihren Mäusen gehn, hing auch ich verzückt an Deinem Munde, und es war um mich geschehn ..."

Hätten Sie's gewußt? Diese Verse stammen von dem Publizisten, Lyriker und Erzähler Kurt Tucholsky – und der war in der Tat ein Meister augenzwinkernder Anspielungen, durch die viele seiner Texte zu geradezu klassischen *Parodien* wurden.

Parodie ist nicht gleich Parodie. Doch so verschieden jede einzelne auch konzipiert sein mag – ein wichtiges Merkmal dieser seit der Antike beliebten literarischen Kunstform ist allen Varianten gemeinsam; und das hat Richard Thieberger in seiner „Stilkunde" präzisiert:

„... ihr Ausgangsstil ist nur durch seine Beziehung (Ähnlichkeit wie Verschiedenheit) zu einem ‚Vorbild', nämlich zu dem parodierten Text zu verstehen; und andrerseits ist ein gattungsgerechter Empfang nur dann möglich, wenn der Leser mit dem Stil (dem Werk) vertraut ist, auf dessen Grundlage die Parodie überhaupt erst ‚funktioniert'. Daraus ergibt sich die merkwürdige Tatsache, daß für die Empfangs-stilistik eine Parodie ihren Parodie-Charakter verliert, wenn es zwischen dem Parodisten und seinem Leser kein Augenzwinkern auf Kosten des Parodierten gibt. Das ist die Folge der unentbehrlichen Bezogenheit auf einen außerhalb der Parodie bestehenden Text." (Ibid., S. 142)

Tucholsky nahm sich im Jahre 1927 die Texte von Werbeanzeigen aufs Korn – und parodierte sie. Geradezu „klassisch" war in diesem Zusammenhang seine Frage:

„Gehört diese Geste noch in unsere Zeit? So fragen wir uns, wenn wir den deutschen Ritter Götz von Berlichingen am Burgfenster stehen sehen. Der tadellos gepflegte Hauptmann, dem er seinen Gruß hinaus-ruft, wird seiner Aufforderung wohl nicht Folge leisten; sicher ist, daß kein starres Gesetz ihm dies vorschreibt. Jedem ist dieser Ausdruck der Verehrung nach eigenem Gefühl überlassen. Wenn aber das Mit-telalter schon unser ‚Altes Lavendel' gekannt hätte, wird dieses Gefühl zum Gesetz. Verlangen Sie die kreuzweise Packung."

Gelegentlich hat man den Eindruck, daß die von Tucholsky in seinen Anzeigen-Parodien behandelten Themenbereiche einigen modernen Fernsehspots als ernstgemeinte Textvorlagen dienten. Tucholsky nimmt sie gnadenlos auf die Schippe, die intelligente deutsche Werbung:

„Die Flaschen unseres Jahreskonsums aufeinandergestellt, ergeben die Höhe der Kölner Synagogenspitze. Nur eine Sektmarke international anerkannter Qualität, schnittig, edel und rassig im Geschmack, vermag sich solche Anerkennung zu erringen. Ein zarter Fichtennadelge-schmack ermöglicht es, unsern in Deutschland auf Flaschen gefüllten Sekt auch als Badezusatz zu verwenden."

Doch halt! Ältere Mitbürger werden dazu aufgefordert, ihre dritten Zähne einzusenden: „Sie erhalten sie postwendend gereinigt zurück, blitzend und blendend weiß."

Tucholsky kommt gern auf den Sekt zurück:

„Wenn Sie im Kranz Ihrer Geschäftsfreunde und schöner Frauen bei wohlgepflegtem, schäumendem Sekt sitzen, während Ihr behaglicher, vornehmer und taktvoller Haushalt Sie umgibt, dann vergessen Sie nicht, unsern Luxusapparat ‚Kokmès' bei der Hand zu haben. Die faszinierende Wirkung Ihrer festlichen Geselligkeit wird dadurch noch erhöht; keine elegante und gepflegte Frau von Welt ist ohne denselben denkbar. ‚Kokmès' ist ohne jede schädliche Nebenwirkung, weil es überhaupt keine hat. Wir fabrizieren es nur, um die hohen Anzeigenpreise wieder hereinzubringen und wir inserieren, um fabrizieren zu können. Und so symbolisieren wir, was uns am meisten am Herzen liegt: die deutsche Wirtschaft!"

„Grabschrift für ein Hündchen"

Nimmt ein Dichter eine kritische Haltung zu seinem Stoff ein und will er diese dem Empfänger vermitteln, so hat er unter anderem die Wahl, sich zwischen einer Parodie und einer Satire zu entscheiden. Die Satire verspottet die Menschen und deren Handeln, die Parodie belächelt die Machart, in der ein Autor seinen Gegenstand behandelt hat. Im Blick auf beide Gattungen, die eine unernste Haltung zu teilen scheinen, fragt Thieberger, ob es denn nicht auch ein sehr ernstes, ein bitteres Lachen gäbe:

„Dieser Stil eines im Grunde gar nicht lustigen Lachens ist der Stil der Satire. Lustspiel, Komödie, Schwank und Posse machen lächeln oder lachen. Sie enthalten nicht immer satirische Elemente. Das Lächeln oder Lachen, das von der heitern Dichtung ohne satirischen Beigeschmack hervorgerufen wird, schließt eine gewisse Sympathie für das Belächelte oder Belachte nicht aus. Dagegen ist der satirische Stil von Spott durchsetzt ... Jedenfalls ist der Stil der Satire bitterernst, während der der Parodie grundsätzlich heiter ist." (Ibid., S. 138)

Thieberger hat Recht, wenn er sagt, das Parodieren und Parodien-Lesen sei schon deshalb eine angenehme Tätigkeit, weil es nicht mit Feindschaft gegenüber dem parodierten Objekt und dessen Autor verbunden sei. Da wir uns als Leser(in) besser und vor allem klüger vorkommen, wird er uns eher sympathisch, der arme, belächelte Autor.

Der Satiriker hingegen kämpft oft einen verzweifelten Kampf, bei dem ungewiß bleibt, ob sich das Objekt der Satire überhaupt beeinflussen läßt. Dies zeigte sich auch beim deutschsprachigen Meister dieses Genres, bei Karl Kraus, der leider – trotz einer ersprießlichen Anhängerschar – den Lauf der Geschichte nicht zu beeinflussen vermochte.

Karl Kraus, Sohn eines jüdischen Papierfabrikanten, lebte von 1874 bis 1936. Er wurde berühmt durch die Zeitschrift „Die Fackel", die ab 1911 nur mit seinen eigenen Beiträgen erschien. Als bedeutender Satiriker mit ausgeprägt subtilem Sprachgefühl setzte sich Kraus in Wien vor allem mit der bürgerlichen Presse auseinander. In überscharfer Polemik und bitterer Sprachkritik sezierte er den Journalismus seiner Zeit, der für ihn den allgemeinen kulturellen und gesellschaftlichen Verfall widerspiegelte.

Kraus' Zeitgenosse, der österreichische Kritiker und Essayist Alfred Polgar hat am 8. Januar 1952 – drei Jahre vor seinem eigenen Tode – in einer Lesung für die Wiener Stadtbibliothek den Nachruf auf Karl Kraus vorgetragen, der ursprünglich im „Prager Tagblatt" erschienen war. Er sagte:

„Das Einzigartige an der Erscheinung des Karl Kraus, von ihrem Genialischen abgesehen, war die vollkommene Deckung von Mann und Werk. Er schrieb, wie Börne einmal über Jean-Paul sagte, mit dem Blut seines Herzens, mit dem Saft seiner Nerven . . ."

Daß diese Aussage zu Recht gemacht wurde, spürt wohl ein jeder, der diese kleine Abhandlung von Karl Kraus hört; er gab ihr den Titel: „Grabschrift für ein Hündchen":

„Ein kleiner Hund mit langem Haar, den ich persönlich kannte, er lachte, wenn man zu ihm sprach, er weinte, weil er stumm war. Sein Blick war Dank der Kreatur, für sich und für die andern. Da kam ein Wagen ohne Pferd und tötete das Hündchen. Wer hatte es so eilig, ach, wer hatte es so eilig? Wie wenig Raum hat der Passant für sich gebraucht im Leben. Wie eine Schlange konnte er, wenn du ihn pfiffst, erscheinen. Wer füllt die schmale Stelle aus? Unwürdige sind am leben, die brauchen mehr. Und dennoch bleibt der Würdige unersetzlich. Und auch sein Beispiel bessert nicht, sein Opfer nicht die andern, die immer allzu übrig sind. Der dort ging seines Weges und starb daran. Die kleine Frau, sie sah sich um und rief ihn. Sie rief und rief und sah ihn nicht. Da lag er in der Sonne. So wenig Stelle nahm er ein, und so viel Stille bleibet, wo Leben keine Worte hat."

Karl Kraus hat mit seiner Zeit und seiner Welt in Feindschaft gelebt. So blieb es Außenseitern vorbehalten, seine Stimme der Nachwelt zu bewahren, in einer obskuren Schallplatten-Produktion und in einem Amateurfilm aus den dreißiger Jahren. Durch diese Gelegenheit, den Vorleser Kraus in einer historischen Aufnahme zu erleben, in der er aus einer Nummer der „Fackel" des Jahres 1921 vorträgt, erfahren wir die Stellungnahme des Autors zu den von ihm angeprangerten „Reklamefahrten zur Hölle":

„Eine Annonce. Schlachtfelderrundfahrten im Auto – veranstaltet durch die Basler Nachrichten. Reklamefahrten vom 25. September bis 25. Oktober zum ermäßigten Preis von 117 Franken. Unvergeßliche Eindrücke. Keine Paßformalitäten, Anmeldung bei uns und Ausfüllung eines Fragebogens genügt – als Herbstfahrt besonders zu empfehlen. 600 km Bahnfahrt 2. Klasse, einen ganzen Tag im bequemen Personenauto über die Schlachtfelder, Übernachten, erstklassige Verpflegung, Wein, Kaffee, Trinkgelder, Paßformalitäten und Visum von Basel bis wieder zurück nach Basel alles inbegriffen: im Preise von 117 Franken Schweizer Währung.
Kritik: Eine Fahrt durch das Schlachtfeldergebiet von Verdun vermittelt dem Besucher den Inbegriff der Grauenhaftigkeit moderner Kriegführung. Es ist nicht nur für das französische Empfinden das Schlachtfeld par excellence auf dem sich letzten Endes der Riesenkampf zwischen Frankreich und Deutschland entschied . . ."

Kraus, der Kämpfer gegen Mache und Mode, gegen Lüge und Phrase in der Presse, hat hier also Stellung zu einer Anzeige genommen, aber er fand – sechs Jahre vor den Parodien Tucholskys, die wir soeben kennengelernt haben – ganz andere Worte als dieser, bitterernste Worte.

Hat Kraus auch Parodien geschrieben? Die Antwort ist ein klares „Ja!", wenn man an seine Stellungnahme zur expressionistischen Lyrik-Schule denkt. „Wolkenkuckucksheim" nannte er sein Spottgedicht, und das lautete so:

> Wolkenkuckucksheim-
> Erde will Chaos,
> Sternsturz quert
> Himmelan Gestuftes.
> Sphären schleimen,
> Sonnenschorf hämmert opalen.
> Werden Entleiden Sein.
> Aufrief ballend
> : Vogelhirn.
>
> Wolkenkuckucksheim -
> Luft will Leeres.
> Tumult der These.
> Seele herbstet
> Mondgeschwür.
> Sommer sprossen umsonst.
> Berge kreißen, oh!
> Geboren ward
> : Maus.

Wer kräftig austeilt, muß natürlich gewärtig sein, selbst Prügel zu beziehen. Kraus' Tätigkeit als Herausgeber und Autor der „Fackel" und seine eigene, stark epigonale Lyrik wurden, freilich nach seinem Tode, zur Zielscheibe für Robert Neumann. In einem Parodien-Band, den dieser 1927 unter dem Titel „Mit fremden Federn" herausbrachte, wurde Kraus' Gedicht „Unter dem Wasserfall" aufs Korn genommen. Im Original lauteten die ersten beiden Strophen so:

> Wer vor mir ließ von diesem Wasserfall
> von dieser Sonne sich begnaden!
> Wer vor mir stand, das Haupt im All,
> stolz an der Ewigkeit Gestaden!

Von Gott bin ich hier eingeladen,
so hoch in Gunst wie jedes Tier,
und hier ist niemand außer mir,
hier will ich frei von mir mich baden!

Was hat Robert Neumann daraus gemacht? Es fängt schon beim Titel an. Der lautet jetzt: „Unter dem Wasserhahn":

Wer vor mir ließ von diesem Wasserhahn
das klare Kalt sich leiten an die Lippe?
Lust ohne Leid, so reibt der rauhe Zahn
sich glatt am glatten Rand der Eisenpipe.

Fester gefackelt! Blitzender geblitzt!
Da wird zum Dichter fast schon der Verdichter.
Nicht mehr gewitzelt! Heut steh' ich gewitzt
Vorm Sphärenaug' des Herrn als Splitterrichter.

Bei der Parodie gibt es also kein Pardon für Verseschmiede. Deshalb hatte übrigens Goethe in einem Brief an seinen musikalischen Berater Karl Friedrich Zelter vom 26. Juni 1824 geschrieben, daß er ein „Todfeind" sei „von allem Parodieren und Travestieren", da es das „Schöne, Edle, Große herunterzieht".

Doch kehren wir vom Weimarer Dichterfürsten noch einmal zurück nach Österreich: Wien war in den fünfziger und sechziger Jahren eine Hochburg für Parodien-Schreiber. Carl Merz und Helmut Qualtinger schrieben „Harte Fäuste, weiche Birnen", eine Hamletparodie, so wie auch Qualtinger allein eine geschrieben hatte – als *Josefstädter Version* unter dem Titel „Hamlet oder der Schwierige".

„med ana schwoazzn dintn"

Doch die Grundstimmung war auch in Österreich nicht nur heiter – der Dichter H. C. Artmann veröffentlichte in Breitensee seinen berühmten Gedichtband „med ana schwoazzn dintn": eine Symbiose aus Wiener Vorstadtpoesie und Surrealismus. Qualtinger , der sich eigentlich schon 1961 aus der

Kabarett-Szene verabschiedet hatte, sang 1966 einige der Art-mannschen Gedichte, unter anderem das elegische „waun e schdeam soit" – auf hochdeutsch: ‚wenn ich sterben sollte'. Thema ist das *Umeschdee*, das ‚Hinüberstehen', also das Über-schreiten der Grenze vom Diesseits zum Jenseits. Noch zwei kleine sprachliche Hinweise: *A bangl reissn* heißt soviel wie: *eine Bank umstoßen* und *de bodschn schdrekn* heißt soviel wie: *die Patschen ausstrecken* – beides bedeutet: ‚den Geist aufge-ben'. Aber lesen Sie selbst:

> waun i amoe a bangl reis
> zu deidsch: de bodschn schdrek -
> i hoff es duaad no a wäu
> bis zu den letztn schrek -
> waun i daun oesdan schdeam soit
> so bit ich eich nua r ans:
> jo nua ka r eangrob aum zenträu!
> i schdee ned auf so danzz.

Natürlich blieb auch H. C. Artmann nicht verschont. Der Kri-tiker Hans Weigel schrieb – unter dem Pseudonym H. W. Unartmann – das Gedicht „Med ana schwoazzn maschn", des-sen Verse lauteten:

> heid how i scho mei faanl
> mei schwoazzes faanl
> und i trog mei faanl
> zum heiring
> dued schbüün s a schmoedsigs liadl
> mei mueddal woa r a weanerin
> oda s gafeehefal
> und so schmoandseig
> geeds singds ned so sochn
> singds es schmoandseig vo heid
> med ana schwoazzn ziddan
> med ana schwoazzn glamfn
> med ana schwoazzn geing
> begleids an schwoazzn heiringsenga
> med sein schwoazzn schmoeds
> der hod gands wean am schmee

> am schwoaazn schmee
> dar aatman hansl
> das schwoazze schiirfrandsl

Die Tinte des Originals ist hier zweifellos schwärzer als der Humor der Parodie. Etwas anders liegt der Fall beim Gesang des Wieners Kurt Sowinetz, dem ein Lied der Textautorin Trude Marzik und des Komponisten Richard Oesterreicher zu hohem Ruhm verhalf. Hier haben wir es eher mit einer schwarzen Parodie zu tun – auf ein Wiegenlied:

> Kurti, plaaz net, geh, mach heia!
> Schau, das Leben is so teuer,
> und der Papa braucht sei Ruah.
> Kurti mach die Augen zua.
> D Mama muaß bedienen rennen,
> daß ma s Auto zahlen können.
> Raubersbua, i bitt di, kusch!
> Weil der Papa geht am Pfusch.
> Kurti, merk dir s in der Wiagn:
> ma soll kane Kinder kriagn.
> Kinder haben, des is ganz gfehlt.
> Trotzdem setz ma s in die Welt.
> Wann s amal zu viele werden,
> hast kan Platz mehr auf der Erden.
> Schlaf, die Nachbarn wern di hörn,
> derfst as net beim Fernsehn störn.
> Kurti, bald is s Fenster offen,
> wann die Auto gengan schlafen
> und ka Auspuff draußt mehr stinkt
> und ka Bsoffener mehr singt.
> Langsam wird s dann draußen stüller
> und vielleicht a bissel kühler,
> sei schön brav und schlaf nur bald.
> Sonntag fahrn ma dann in Wald.
> Hätt i besser obacht gebn,
> war mei Kurti net am Lebn.
> Wann ma kane Kinder wolln,
> wer soll dann die Renten zahln?
> Kurti, streck di nach der Decken!
> Amal muaß a jeds verrecken.

Und dann hat die Welt a Ruah.
Kurti, mach die Augen zua.

Hier erhält ein bestimmtes Genre, das *Wiegenlied*, mit dem man sanfte, beruhigende, aber nicht unbedingt pessimistische Worte verbindet, einen satirischen Unterton durch den Text, der nur durch den parodistischen Gesangsvortrag etwas gemildert wird.

„Ein Wiesel saß auf einem . . .“

Es gibt auch den Fall, daß sich eine Parodie zur *Blödelparodie* entwickelt und sich nur noch locker auf die Vorlage bezieht. Dann ist die Verbindung mit dem Original – sofern dessen Kenntnis überhaupt vorausgesetzt werden kann – für den Leser kaum noch erkennbar:

Auch dafür ein Beispiel: Nietzsche drückte in seinem Werk „Also sprach Zarathustra“ schwermütige Gedanken aus:

> O Mensch! Gib acht!
> Was spricht die tiefe Mitternacht?
> „Ich schlief, ich schlief -,
> „Aus tiefem Traum bin ich erwacht: -
> „Die Welt ist tief,
> „Und tiefer als der Tag gedacht.
> Tief ist ihr Weh -,
> „Lust – tiefer noch als Herzeleid:
> „Weh spricht: Vergeh!
> „Doch alle Lust will Ewigkeit -,
> „-will tiefe, tiefe Ewigkeit!“

Christian Morgenstern hat sich durch Nietzsche zu einem Text inspirieren lassen, der dessen Grundüberlegung offenbar nicht ganz so schwer nimmt:

> Die Rehlein beten zur Nacht,
> hab acht!
> Halb neun!
> Halb zehn!

Halb elf!
Halb zwölf!
Zwölf!
Die Rehlein beten zur Nacht,
hab acht!
Sie falten die kleinen Zehlein, die Rehlein.

Morgenstern gibt uns sogar ein Beispiel dafür, wie ein Dichter sich die Freiheit bewahren kann, sein poetisches Schaffen selbst in Frage zu stellen – in einem Gedicht, das das vermeintliche Gebot des Lyrikers, ständig nach Reimen zu suchen, auf seine Weise kommentiert:

Das ästhetische Wiesel

Ein Wiesel
saß auf einem Kiesel
inmitten Bachgeriesel
Wißt ihr,
weshalb?
Das Mondkalb
verriet es mir
im stillen:
Das raffinier-
te Tier
tats um des Reimes willen.

„Happy-End"

So weit, so gut. Nun haben wir an zahlreichen Beispielen gezeigt, daß Worte wie Pfeile abgeschossen werden können. Sie können auch treffen – satirisch, als Parodie, mit Ironie. Im weitesten Sinne geht es dabei immer um menschliche-allzumenschliche Beziehungen.

Ob es dabei wie im Film auch im Leben immer zu einem *Happy-End* kommt, wie man auf deutsch sagt?

Lassen wir noch einmal den von uns heute mehrfach zitierten Sprachmeister Kurt Tucholsky zu Worte kommen. Er soll uns abschließend die Antwort verraten – und zwar in unserem Hauptstadtdialekt:

Danach

Es wird nach einem happy end
im Film jewöhnlich abjeblendt.
Man sieht bloß noch in ihre Lippen
den Helden seinen Schnurrbart stippen –
da hat sie nu den Schentelmen.
Na, und denn – ?

Denn jehn die beeden brav ins Bett.
Na ja . . . diß is ja auch janz nett.
A manchmal möcht man doch jern wissen:
Wat tun se, wenn se sich nich kissn?
Die könn ja doch nich imma penn . . .!
Na, und denn – ?

Dann säuselt im Kamin der Wind.
Dann kricht det junge Paar'n Kind.
Denn koch sie Milch. Die Milch looft üba.
Denn macht er Krach. Denn weent sie drüba
Denn wolln sich beede jänzlich trenn . . .
Na, und denn – ?

Denn is det Kind nich uffn Damm.
Denn bleihm die beeden doch zesamm.
Denn quäln se sich noch manche Jahre.
Er will noch wat mit blonde Haare:
vorn doof und hinten minorenn . . .
Na, und denn?

Denn sind se alt.
Der Sohn haut ab.
Der Olle macht nu ooch bald schlapp.
Vajessen Kuß und Schnurrbartzeit -
Ach, Menschenskind, wie liecht det weit!
Wie der noch scharf uff Muttern war,
det is schon beinah nich mehr wahr!
Der olle Mann denkt so zurück:
wat hat er nu von seinen Jlück?
Die Ehe war zum jrößten Teile
vabrühte Milch un Langeweile.
Und darum wird beim happy end
im Film jewöhnlich abjeblendt.

Anhang

Literaturverzeichnis

Benutzte und weiterführende Werke

Ammon, Ulrich: Die internationale Stellung der deutschen Sprache. Berlin/New York 1991: de Gruyter.

Aronstein, Philipp: Englische Wortkunde. Leipzig/Berlin 1925: B. G. Teubner.

Andresen, Karl Gustaf: Über deutsche Volksetymologie. Leipzig ⁷1919: Verlag von O. R. Reisland. (1. Aufl. Heilbronn a. N. 1876: Henninger)

Arens, Hans: Sprachwissenschaft. Der Gang ihrer Entwicklung von der Antike bis zur Gegenwart. 2 Bde. Frankfurt a. M. 1969: Athenäum Fischer.

Ayren, Armin: Buhl oder Der Konjunktiv. Tübingen 1982: Rainer Wunderlich Verlag Herman Leins.

Balle, Christel: Tabus in der Sprache. Frankfurt a. M. et al. 1990: Peter Lang.

Baur, Arthur: Schwyzertüütsch, Praktische Sprachlehre des Schweizerdeutschen. Winterthur ⁶1977: Gemsberg-Verlag.

Bausinger, Hermann: Deutsch für Deutsche. Dialekte, Sprachbarrieren, Sondersprachen. Frankfurt a. M. 1984: Fischer.

Beltz, Walter (Hrsg.): Lexikon der letzten Dinge. Augsburg 1993: Pattloch-Verlag.

Bergenholtz, Henning/Joachim Mugdan: Einführung in die Morphologie. Stuttgart et al. 1979: Kohlhammer.

Braun, Peter: Tendenzen in der deutschen Gegenwartssprache. Sprachvarietäten. Stuttgart et al. ²1987: Kohlhammer.

Büchmann, Georg: Geflügelte Worte. München 1959: Droemersche Verlagsanstalt. (1. Aufl. 1864)

Dahl, Jürgen: Maccaronisches Poetikum oder Nachtwächterei veniunt cum Spießibus atque Laternis. Ebenhausen bei München 1962: Langewiesche-Brandt Verlag.

Dückert, Joachim/Günter Kempcke (Hrsg.): Wörterbuch der Sprachschwierigkeiten. Thun 1986: Ott Verlag.

Duden Etymologie. Herkunftswörterbuch der deutschen Sprache. (= Duden Band 7). Mannheim et al. ²1989: Dudenverlag.

Ehmann, Hermann: affengeil. Ein Lexikon der Jugendsprache. München ³1994: C. H. Beck.

Engel, Ulrich: Deutsche Grammatik, Heidelberg ²1991: Julius Groos.

186

Etymologisches Wörterbuch des Deutschen. 2 Bde. Durchgesehen und ergänzt von Wolfgang Pfeifer. Berlin ²1993: Akademie-Verlag.

Feinsilver, Lillian Mermin: The Taste of Yiddish. A Warm and Humorous Guide to a Fascinating Language. South Brunswick/New York 1970 (repr. 1990): A. S. Barnes.

Fink, Gerhard: Schimpf und Schande. Eine vergnügliche Schimpfwortkunde des Lateinischen. Zürich/München ²1991: Artemis.

Gassner, August: Goethe als Eisläufer. Bern et al. 1990: Peter Lang.

Görlach, Manfred (Hrsg.): Wilhelm Busch, Max und Moritz. In deutschen Dialekten, Mittelhochdeutsch und Jiddisch. Hamburg 1982: Helmut Buske.

Gross, Harro: Einführung in die germanistische Linguistik. München 1988: iudicium verlag.

Haller, Klaus Jürgen: Wörter wachsen nicht auf Bäumen. München 1991: dtv.

Hermann, Ursula: Knaurs etymologisches Lexikon. 10 000 Wörter unserer Gegenwartssprache: Herkunft und Geschichte. München 1983: Droemer Knaur.

Hunold, Günter: Lexikon des pornographischen Wortschatzes. München 1972: Wilhelm Heyne Verlag.

Keller, Rudi: Sprachwandel. Tübingen 1990: Francke.

Klemperer, Victor: „LTI". Die unbewältigte Sprache. Aus dem Notizbuch eines Philologen. München 1969: dtv.

Kluge, Friedrich: Etymologisches Wörterbuch der deutschen Sprache. Unter Mithilfe von Max Bürgisser und Bernd Gregor völlig neu bearbeitet von Elmar Seebold. Berlin/New York ²²1989: Walter de Gruyter.

Knoche, Ulrich: Die römische Satire. Göttingen ²1957: Vandenhoeck & Ruprecht.

Koziol, Herbert: Grundzüge der englischen Semantik. Wien/Stuttgart 1974: Wilhelm Braumüller.

Kramer, Hans-Gert/Linde, Günter: Sprachen die Neandertaler Englisch? Eine Reise durch die Welt der Sprachen. Berlin 1993: Aufbau Taschenbuch Verlag.

Kraus, Karl: Magie der Sprache. Frankfurt a. M. 1974: Suhrkamp.

Krauss, Heinrich: Geflügelte Bibelworte. Das Lexikon biblischer Redensarten. München 1993: C. H. Beck.

Lakoff, George: Women, Fire, and Dangerous Things. What Categories Reveal about the Mind. Chicago/London 1987: University of Chicago Press.

Lakoff, George/Johnson, Mark: Metaphors We Live By. Chicago 1980: University of Chicago Press.

Lapide, Pinchas: Jesus, das Geld und der Weltfrieden, Gütersloh 1991: Gerd Mohn.

Lewandowski, Theodor: Linguistisches Wörterbuch. Bd. 1 (²1976), Bd. 2 (²1976), Bd. 3 (1975). Heidelberg: Quelle & Meyer (= UTB 201–203).

Lokotsch, Karl: Etymologisches Wörterbuch der europäischen (germanischen, romanischen und slavischen) Wörter orientalischen Ursprungs. Heidelberg 1975: Carl Winter.

Lötzsch, Ronald: Jiddisches Wörterbuch. Mannheim et al. ²1992: Dudenverlag.

Maas, Herbert: Wörter erzählen Geschichten. Eine exemplarische Etymologie. München ²1966: dtv.

MacArthur, John R.: Die Schlacht der Lügen. Wie die USA den Golfkrieg verkauften. Aus d. Amerikan. v. F. Griese. München ³1993: dtv.

Mader, Hans: Es ist echt zu bitter – Todesanzeigen gesammelt und kommentiert. Hamburg 1994: Germa Press.

Manz, Hans: Die Welt der Wörter. Sprachbuch für Kinder und Neugierige. Weinheim/Basel 1991: Beltz Verlag.

Mayer, Erwin: Sekundäre Motivation. Untersuchungen zur Volksetymologie und verwandten Erscheinungen im Englischen. Diss., Köln 1962.

McCormack, R. W. B.: Tief in Bayern. Eine Ethnographie. München 1991: Goldmann Verlag.

Merkle, Ludwig: Bairische Grammatik. München ⁴1990: Hugendubel.

Milan, Carlo: „Falsche Freunde. Ein besonderes Problem der kontrastiven Lexikologie (deutsch-italienisch)", in: Sprachwissenschaft 14 (1989), S. 384–404.

Ohff, Heinz: "I like Fremdwörter", in: Der Reiz der Wörter. Eine Anthologie zum 150jährigen Bestehen des Reclam Verlags. Stuttgart 1978: Philip Reclam.

Ortony, Andrew (Hrsg.): Metaphor and Thought. Cambridge et al. ²1994: CUP.

Osman, Nabil: Kleines Lexikon untergegangener Wörter. Wortuntergang seit dem Ende des 18. Jahrhunderts. München ⁸1994: C. H. Beck.

Osman, Nabil (Hrsg.): Kleines Lexikon deutscher Wörter arabischer Herkunft. München ⁴1993: C. H. Beck.

Palmer, Frank: Grammatik und Grammatiktheorie. Eine Einführung in die moderne Linguistik. Aus dem Englischen übertragen und für den deutschen Leser eingerichtet von Christoph Gutknecht. München 1974: C. H. Beck.

Paul, Hermann: Prinzipien der Sprachgeschichte. Halle a. S. ⁵1920: Max Niemeyer.

Paul, Hermann: Deutsches Wörterbuch. Vollständig neu bearbeitete Auflage von Helmut Henne und Georg Objartel unter Mitarbeit von Heidrun Kämper-Jensen. Tübingen ⁹1992: Niemeyer.

Reddy, Michael J.: "The Conduit Metaphor – A Case of Frame Conflict in Our Language about Language", in: Ortony, A. (Hrsg.) (²1994), S. 164–201.

Riha, Karl (Hrsg.): Struwwelhitler. Eine englische Struwwelpeter-Parodie aus dem Jahr 1941. Köln 1984: Informationspresse – C. W. Leske Verlag.

Room, Adrian: Room's Dictionary of Confusibles. London et al. 1979: Routledge and Kegan Paul.

Rosten, Leo: Hooray for Yiddish. A Book About English. New York 1982: Simon and Schuster.

Rosten, Leo: The Joys of Yiddish. New York 1970: Washington Square Press.

Rühmkorf, Peter: Über das Volksvermögen. Exkurse in den literarischen Untergrund. Reinbek bei Hamburg 1967: Rowohlt.

Sauer, Walter (Hrsg.): Die Weihnachtsgeschichte in deutschen Dialekten. Husum 1993: Husumer Druck- und Verlagsgesellschaft.

Schiewe, Jürgen: „Ein Weltbürger in den Fängen des Völkischen. Über die Rezeption der aufklärerischen Sprachkritik Carl Gustav Jochmanns durch den Allgemeinen Deutschen Sprachverein", in: Muttersprache 102 (1992), S. 1–14.

Schläpfer, Robert: „Deutsche Schweiz", in: Deutsche Gegenwartssprache. Tendenzen und Perspektiven, hrsg. von Gerhard Stickel. Berlin et al. 1990: de Gruyter (= Institut für deutsche Sprache: Jahrbuch 1989), S. 192–197.

Schmoldt, Hans: Kleines Lexikon der biblischen Eigennamen. Stuttgart 1990: Philip Reclam.

Schneider, Wilhelm: „Über die Lautbedeutsamkeit. Ein Vorschlag zur Schlichtung des Streites", in: Zeitschrift für Deutsche Philologie 63 (1938), S. 138–179.

Schoeps, Hans-Joachim: Ungeflügelte Worte. Was nicht im Büchmann stehen kann. Stuttgart/Bonn 1990: Burg Verlag.

Schütz, Hans J.: Verbotene Bücher. Eine Geschichte der Zensur von Homer bis Henry Miller. München 1990: C. H. Beck.

Schuster, Theo: Plattdeutsches Schimpfwörterbuch für Ostfriesen und andere Niederdeutsche. Leer 1991: Verlag Schuster.

Schwenk, Ernst: Mein Name ist Becquerel. Wer den Maßeinheiten die Namen gab. Von Ampère bis Watt. München 1993: dtv.

Seebold, Elmar: Etymologie. Eine Einführung am Beispiel der deutschen Sprache. München 1981: C. H. Beck.

Simon, Bettina: Jiddische Sprachgeschichte. Frankfurt a M. 1993: Jüdischer Verlag.

Stark, Franz: Faszination Deutsch. Die Wiederentdeckung einer Sprache für Europa. München 1993: Albert Langen/Georg Müller.

Strauß, Gerhard/Haß, Ulrike/Harras, Gisela: Brisante Wörter von Agitation bis Zeitgeist. Berlin/New York 1989: de Gruyter (= Schriften des Instituts für deutsche Sprache, Bd. 2).

Sweetser, Eve E.: From etymology to pragmatics. Metaphorical and cultural aspects of semantic structure. Cambridge et al. 1990: CUP.

Thieberger, Richard: Stilkunde. Bern et al. 1988: Peter Lang.

Trier, Jost: Jacob Grimm als Etymologe. Münster/Westf. 1961: Aschendorffsche Verlagsbuchhandlung.

Trier, Jost: Wege der Etymologie. Nach der hinterlassenen Druckvorlage mit einem Nachwort herausgegeben von Hans Schwarz. Berlin 1981: Erich Schmidt Verlag.

Ullmann, Stephen: Sprache und Stil. Tübingen 1972: Niemeyer.

Vermeer, Hans J.: Allgemeine Sprachwissenschaft. Eine Einführung. Freiburg 1972: Rombach.

Wandruszka, Mario: Die europäische Sprachengemeinschaft. Tübingen 1990: A. Francke.

Wasserzieher, Ernst: Woher? Ableitendes Wörterbuch der deutschen Sprache. Bonn 181974: Ferd. Dümmlers Verlag. (1. Aufl. Berlin 1916)

Waigel, Hans: Die Leiden der jungen Wörter. Ein Antiwörterbuch. München 91985: dtv.

Weinreich, Max: History of the Yiddish Language. Chicago/London 1980: The University of Chicago Press.

Weinreich, Uriel: Languages in Contact. den Haag 21963: Mouton. (Dt. Übersetzung von Jörg Kohlhase: Sprachen in Kontakt. Ergebnisse und Probleme der Zweitsprachenforschung. Mit einem Nachwort von A. de Vincenz. München 1977: C. H. Beck)

Weinrich, Harald: „Münze und Wort. Untersuchungen an einem Bildfeld" [Erstdruck in: Romanica. Festschrift Rohlfs (Halle, 1958), S. 508–521], in: ders., Sprache in Texten. Stuttgart 1976: Ernst Klett, S. 276–290.

Weinrich, Harald: Wege der Sprachkultur. München 1988: dtv.

Wells, C. J.: Deutsch: Eine Sprachgeschichte bis 1945. Tübingen 1990. Niemeyer.

Wolff, Roland A.: Wie sagt man in Bayern. Eine Wortgeographie für Ansässige, Zugereiste und Touristen. München 1980: C. H. Beck.

Zehetner, Ludwig: Das Bairische Dialektbuch. München 1985: C. H. Beck.

Glossar

Akronym: Abkürzungswort: aus den Anfangsbuchstaben mehrerer Wörter gebildetes Wort, z. B. *Aids* (aus engl. *a*cquired *i*mmune *d*eficiency *s*yndrome = erworbenes Immundefektsyndrom).

Altenglisch: Periode der englischen Sprachgeschichte von ca. 450–1150 n. Chr. Das Altenglische war im wesentlichen eine Sprache mit westgermanischem Wortbestand. Infolge der Berührung mit den Römern sowie durch die Christianisierung gelangten zahlreiche Wörter mit lateinischem Lautstand in das Altenglische.

Althochdeutsch: (Frühmittelalter). Periode der deutschen Sprachgeschichte: 6./8.–11. Jahrhundert.

Ambiguität: Grammatische/syntaktische/semantische Mehrdeutigkeit.

Anagramm: Umstellung der in einem Namen, einem Satz, einem Wort oder einer Wortgruppe enthaltenen Buchstaben zu anderer Reihenfolge und verändertem Sinn.

Anglizismus: Aus dem Englischen in eine andere Sprache übernommene englische Spracheigentümlichkeit.

Anthologie: (Gedicht)-Sammlung; Auswahl.

Anthropologie: Wissenschaft vom Menschen und seiner Entwicklung.

Antonomasie: Sonderfall der *Periphrase,* der in zwei Formen auftritt: als Ersetzung eines bekannten (mythologischen, historischen) Eigennamens durch ein charakteristisches Attribut seines Trägers (z.B. der Dichterfürst = Homer; der Ritter mit der eisernen Faust = Götz von Berlichingen) oder als Ersetzung eines Apellativs durch den Eigennamen eines hervorragenden Repräsentanten (z.B. ein zweiter Paris = ein schöner junger Mann; ein Demosthenes = ein großer Redner).

Antonymie: Bedeutungsgegensatz (nicht immer -negation): Man unterscheidet drei Arten der A.: kontradiktorische (sich ausschließende ohne Gradskala), z.B. *legal – illegal;* konträre (mit einer Skala zwischen den Polen), z.B. *früh – spät;* konverse (relationale, eher Paare als Gegensätze), z.B. *Eltern – Kinder, geben – bekommen.*

Aphorismus: Prosasatz, prägnant, geistreich und schlagkräftig formuliert, zur Einkleidung einer Lebensweisheit.

Appellativum: Gattungsname, z.B. *Mann, Frau,* im Gegensatz zu Eigenname. Appellativa „bezeichnen eine ganze Gattung gleichgearteter Dinge oder Lebewesen und zugleich jedes einzelne Wesen oder Ding dieser Gattung" (Duden 4, S. 135). Untergruppe der A. sind Kollektiva oder Sammelnamen z.B. *Wald, Herde* und Stoffnamen, z.B. *Leder.*

Argot: Ursprünglich französische Gaunersprache (im Mittelalter); Jargon bestimmter sozialer Gruppen.

Assimilation: Angleichung eines Lautes an einen Nachbarlaut: *Lamm* aus mittelhochdeutsch *lamb.*

Bedeutungserweiterung: Vergrößerung des Anwendungsbereichs eines Wortes: lat. *ad-ripare* ‚ans Ufer kommen' > französisch *arriver* ‚ankommen'.

Bedeutungsverbesserung: Lat. *nescius* ‚unwissend, dumm' > engl. *nice* ‚nett'.

Bedeutungsverengung: Einschränkung des Anwendungsbereichs eines Wortes: engl. *wife,* ursprünglich ‚Frau' > ‚Ehefrau'.

Bedeutungsverschlechterung: Altengl. *sælig* ‚glücklich' > neuengl. *silly* ‚töricht'.

Diktion: Schreibart, Ausdrucksweise.

Disambiguieren: Zweideutigkeit/ Mehrdeutigkeit beseitigen.

Empathie: Fähigkeit, sich in andere hineinzuversetzen.

Epigramm: Sinn-, Spottgedicht, oft mit satirischem Inhalt und überraschender Sinndeutung in der Schlußpointe.

Ethnologie: Völkerkunde.

Etymologie: Wissenschaft von der Herkunft, Grundbedeutung und Entwicklung der Wörter sowie von ihrer Verwandtschaft mit Wörtern gleichen Ursprungs in anderen Sprachen.

Euphemismus: Rhetorische Figur: beschönigender Ersatz für ein tabuisiertes Wort, z.B. *entschlafen* für *sterben;* häufig im politischen Sprachgebrauch: z.B. *Entsorgungspark, Nullwachstum.*

Intonation: Melodiebewegung auf Satzebene.

Junktur: Phonetischer Begriff: *Anschlußart.* Die Glieder eines Lautkomplexes können durch Koartikulation *(close juncture)* zu einer Einheit verschmolzen sein, z.B. *it swings;* die Abgrenzung von anderen Lautkomplexen erfolgt im Englischen durch das Fehlen der Koartikulation, z.B. *its wings.*

Kenning, pl: Kenningar: Metapher der altnordischen Stabreimdichtung der Skalden: die mehrgliedrige bildliche Umschreibung von alltäglichen Substantiven, z.B. *Walstraße = Meer, Burghirte = König.*

Koartikulation: Ineinandergreifen der einzelnen Artikulationsbewegungen im Zusammenhang der gesprochenen Rede, das zu Modifikationen der Einzellaute führt (Lewandowski, Bd. 1: S. 314).

Kompositum: Zusammengesetztes Wort, z.B. *Sprachwissenschaft, Wörterbuch.*

Konnotation: Emotionale und wertende Nebenbedeutung eines Wortes oder Begriffs.

L(e)ipogramm: Text, der aus literarischer Spielerei oder unbewußt als Klangmalerei einen oder mehrere Buchstaben meidet.

Lexik: Wortschatz.

Maledictologie: Schimpfwortforschung.

Metapher: Wort mit übertragener Bedeutung; bildliche Wendung.

Metasprache: Abstrakte Sprachebene, die zur Beschreibung (objekt)sprachlicher Phänomene benutzt wird.

Missingsch: Hamburger Stadtmundart.

Mittelenglisch: Epoche der englischen Sprachgeschichte von etwa 1150 bis etwa 1500.

Mittelhochdeutsch: Epoche der deutschen Sprachgeschichte. Frühzeit (1060–1170); Blütezeit (1170–1300); Spätmittelhochdeutsch: 1300–1500; diese Epoche ist als Übergang zu sehen, entweder als spätes Mittelhochdeutsch (1300–1500) oder als frühes Neuhochdeutsch (1350–1650, mit einer Zäsur um 1500, dem Beginn der „Neuzeit").

Modalverb: Verb, das ein anderes Verb modifiziert und dabei eine Notwendigkeit, eine Möglichkeit, eine Erlaubnis, eine Vermutung u.ä. ausdrückt, z.B. *kann gehen, muß warten etc.* Deutsche Modalverben sind *dürfen, können, mögen, müssen, sollen* und *wollen;* mitunter wird auch *brauchen* als Modalverb klassifiziert.

Morphem: Kleinste sprachliche Einheit mit bedeutungtragender Funktion.

Morphologie: In einem weiteren Sinn umfaßt die M. die Bereiche der Flexion und der Wortbildung.

Mythologie: Wissenschaft, die sich mit systematischer Erforschung, Vergleichung und Sinndeutung der Sagenkunde und Götterlehre befaßt und daraus u.a. Aufschlüsse über Denkformen und Alter der Kulturen zu erlangen trachtet.

Neuenglisch: Epoche der englischen Sprachgeschichte ab etwa 1500.

Orthographie: Rechtschreibung.

Palatal: Laut, der am vorderen (harten) Gaumen gebildet wird, z.B. [j].

Pejorativ: Abwertend, verschlechternd.

Periphrase: Ersetzung der unmittelbaren Bezeichnung durch eine Umschreibung – aus verschiedenen Gründen: z.B. zur Vermeidung von Tabuwörtern, Wiederholungen, alltäglichen Ausdrükken oder Neologismen.

Phonem: Kleinste bedeutungsunterscheidende sprachliche Einheit. z.B. /r/ : /f/ in *rein: fein.*

Phonemik/Phonologie: Rein linguistische Disziplin, die die Sprachlaute nicht materiell untersucht, sondern in ihrer kommunikativen Funktion und in ihren Beziehungen zueinander im jeweiligen Sprachsystem.

Phonetik: Naturwissenschaftliche Disziplin, die auf der Grundlage von Anatomie, Physiologie, Akustik und Mathematik die materielle Analyse von Sprachlauten bzw. von sprachlichen Äußerungen untersucht.

Phonotaktik: Die in einer bestimmten Sprache vorkommenden Lautverbindungen.

Prosodie: Gesamtheit der Mittel zur Redegliederung, z.B. Akzent, Intonation, Pausengestaltung, Erhöhung und Senkung des Grundtons.

Prosodische Merkmale: Merkmale, die sich (da sie nicht einzelnen Phonemen inhärent sind) nicht segmentieren lassen, sondern mehrere Segmente überlagern, z.B. Stärke, Ton und Quantität: daher auch *suprasegmentale Merkmale* genannt.

Semantik: Lehre von den Bedeutungen bzw. Inhalten sprachlicher Zeichen und Zeichenkombinationen.

Soziolekt: Gruppensprache.

Soziolinguistik: Teildisziplin der Linguistik, die die Beziehungen zwischen Sprachstruktur und Sozialstruktur untersucht.

Synonyme: Wörter mit ähnlicher oder fast gleicher Bedeutung. „Ein Synonym kann für ein anderes Wort in einem bestimmten Rede- oder Textzusammenhang bei gleichem logisch-gegenständlichem Bedeutungsbezug trotz gewisser inhaltlicher und stilistischer Unterschiede eingesetzt werden *(Frühling, Frühjahr, Lenz)*". (Duden 4, S. 772)

Syntax: Satzlehre: befaßt sich mit der Struktur und den Bildungsregeln von Satzgliedern und Sätzen.

Thesaurus: Wortschatz. Häufig Titel wissenschaftlicher Sammelwerke und umfangreicher Wörterbücher.

Velar: Laut, der am hinteren (weichen) Gaumen (Gaumensegel) gebildet wird, z. B. [g].

Volksetymologie: Fälschliche Deutung oder Umdeutung eines in seiner Herkunft unverstandenen Wortes.

Wortfeld: Gegliederte Menge sinnverwandter, d.h. inhaltlich zusammengehöriger (‚begriffsverwandter‘) Wörter.

Wurzel: Die historisch ursprüngliche Form, auf die ein Wort zurückgeführt werden kann.

Namenregister

Verzeichnis der aufgeführten Wörter

Buchanzeigen

Wie die Wörter zu ihrer Bedeutung kamen

Nabil Osman (Hrsg.)
Kleines Lexikon untergegangener Wörter
Wortuntergang seit dem Ende des 18. Jahrhunderts
Mit einer Vorbemerkung von Werner Ross
8., unveränderte Auflage. 1994. 263 Seiten. Paperback
Beck'sche Reihe Band 487

Nabil Osman (Hrsg.)
Kleines Lexikon deutscher Wörter arabischer Herkunft
4., unveränderte Auflage, 1993. 141 Seiten. Paperback
Beck'sche Reihe Band 456

Herman Ehmann
affengeil
Ein Lexikon der Jugendsprache
3., durchgesehene Auflage. 1994. 156 Seiten. Paperback
Beck'sche Reihe Band 478

Erdmute Heller
Arabesken und Talismane
Geschichte und Geschichten des Morgenlandes
in der Kultur des Abendlandes
2., durchgesehene Auflage. 1993. 157 Seiten. Paperback
Beck'sche Reihe Band 474

Walther Kiaulehn (Hrsg.)
Der richtige Berliner
in Wörtern und Redensarten verfaßt von Hans Meyer
und Siegfried Mauermann,
bearbeitet und ergänzt von Walter Kiaulehn
Neuausgabe der 10. Auflage. 1985. 270 Seiten. Gebunden

Heinrich Krauss
Geflügelte Bibelworte
Das Lexikon biblischer Redensarten
2., durchgesehene Auflage. 1994. 277 Seiten. Leinen

Verlag C. H. Beck München

Christoph Gutknecht
Lauter spitze Zungen
2., durchgesehene Auflage. 1997. 292 Seiten. Paperback
Beck'sche Reihe Band 1186

Gutknechts Buch ist eine unterhaltsame Einführung in das Gebiet der Sprach-forschung, für Leser, die sich gelegentlich gern einmal „den Kopf zerbrechen", ohne dabei „auf den Hund kommen" zu wollen.

Hamburger Abendblatt

So ein kompaktes und preiswertes für Wissenschaftler sowie allgemeine Leser gedachtes Buch hat es auf dem deutschsprachigen Büchermarkt bisher nicht gegeben, und so wird es in Kürze die ihm gebührende Anerkennung im In- und Ausland (…) finden (…). Für Kultur- und Sprachforscher, aber auch für Literaturwissenschaftler und für (Fremd-)Sprachenpädagogen ist dieser handli-che Band unerläßlich.

Monatshefte, Madison

Was bedeutet eigentlich das Wort „Maulwurf"? Woher kommt die Redewen-dung „Jemanden ins Gebet nehmen"? Was meinte man ursprünglich, wenn man jemandem „Hals- und Beinbruch" wünschte? Diese und andere etymologische Fragen stellt und beantwortet der Hamburger Linguistikprofessor im vorliegen-den Buch. Dabei geht es, auch bei komplexen Sachverhalten, interessant und kurzweilig zu. Dem für Probleme unserer Sprache und deren Entwicklung auf-geschlossenen Leser werden die Augen für so manche Besonderheiten, Merk-würdigkeiten und Sinnzusammenhänge geöffnet.

das neue buch

In Christoph Gutknecht's case, it is his spitze Ohren and his scharfe Augen which have served him well. (…) There will no doubt be further editions, further volumes, and further radio series, as there is plenty of additional material which could be used to delight his listeners and readers. (…) I gained the impression that this popular book is based on solid learning and wide reading.

The Web Journal Modern Language Linguistics

Selbstverständlich wird dabei nicht aus dem hohlen Bauch heraus spekuliert, hier hat philologisch alles Hand und Fuß. (…) Aber keine Angst! Der Verfasser ist kein Haarspalter, und so muß man auch nicht befürchten, vor lauter Bäumen den Wald nicht mehr zu sehen.

Norddeutscher Rundfunk

Wieder gelingt es dem Autor, auf unterhaltsame Art und dennoch fundiert, sprachwissenschaftliche Erkenntnisse zu vermitteln.

ekz

Verlag C. H. Beck München